매일 밤 긍정적인 글을 읽고
매일 아침 유익한 말에 귀를 기울여야 한다.
톰 홉킨스

행복에 이르는 길은 우리를 얽매는 '채움'이 아닌
우리를 자유롭게 하는 '비움'이라는 사실을 깨달았다.
미하엘 코르트

우리를 현명하게 만들어주는 두 가지 기본적인 것은
우리가 읽는 책들과 교류하는 사람들이다.
찰스 존슨

평생 배우기에 힘써야 한다.
정신에 담고 머리에 집어넣는 것,
그것이 우리가 가질 수 있는 최고의 자산이다.
브라이언 트레이시

나를 살리는 **논어** 한마디

나를 살리는 논어 한마디

펴낸날 2022년 5월 30일 1판 1쇄

지은이_판덩
옮긴이_이서연
펴낸이_김영선
책임교정_정아영
교정교열_이교숙, 남은영, 이라야, 김온
경영지원_최은정
디자인_바이텍스트
마케팅_신용천

펴낸곳 (주)다빈치하우스-미디어숲
주소 경기도 고양시 일산서구 고양대로632번길 60, 207호
전화 (02) 323-7234
팩스 (02) 323-0253
홈페이지 www.mfbook.co.kr
이메일 dhhard@naver.com (원고투고)
출판등록번호 제 2-2767호

값 17,800원
ISBN 979-11-5874-151-8 (03100)

거친 물결에 흔들리는 삶을 잡아줄 공자의 명쾌한 해답

나를 살리는 논어 한마디

論語

판덩 지음 · 이서연 옮김

시대의 명저,『논어』에서 재발견한

하루를 다잡는 한 문장의 힘!

미디어숲

험난한 인생의 길이 되어준
공자의 한마디

애써 노력하지 않아도 기억되는 유년 시절의 편린片鱗들이 있
다. 춘추시대의 사상가 공자와 그 제자들의 언행을 기록한 유교
경전 『논어論語』는 그 기억의 조각 중의 하나이다.

"나는 매일 세 가지로 자신을 반성한다吾日三省吾身."

어렸을 때 살던 집 거실에 걸린 조잡한 장식화 속에 적혀 있던
공자의 말이다. 제대로 된 의미를 깨닫지도 못했을 텐데 나의 뇌
리 속에 똬리를 틀고 있는 이유는 뭘까? 잊혀질만하면 다시 만나
게 된 인연 때문일까? 중학교에 들어가서 『논어』를 다시 만났다.
이번에 만난 공자는 교과서에 있었다.

"계씨가 전유를 정벌하려고 하니季氏將伐顓臾"

역시나 무슨 뜻인지 잘 몰랐다. 2천 년 가까운 오랜 세월 동안 동아시아 인문주의의 원형이 되었던 사상가 '공자孔子'라는 비범한 인물을 몰랐을 리는 없었다. 하지만 유가儒家의 성전聖典이라고도 불리는 『논어』의 의미를 그 시절의 내가 이해했을 리는 만무했다. 교과서에 수록됐으니 그저 건성으로 읽었을 뿐이다.

그 후로도 『논어』와의 만남은 계속됐다. 대학교 3학년이었던 1995년, 나는 다시 『논어』를 만났다. 하계 방학캠프에 참석한 홍콩의 한 대학교 학생 대표가 나에게 물었다. "논어 읽어봤어?" 중학교 때 읽어봤지만, 난 이렇게 대답할 수밖에 없었다. "아니, 읽어도 이해하기 어려울 것 같아서." 그 친구의 "난화이진南懷瑾이 쓴 『논어강의論語別裁』는 이해하기 쉬울 거야."라는 말에 귀가 솔깃했다. 그의 말대로 정말 『논어』를 쉽게 이해할 수 있을까? 개학을 하자마자 나는 학교 도서관으로 달려가 난화이진 선생의 『논어강의』를 빌렸다.

유교, 불교, 도교의 경전을 두루 통달한 난화이진 선생은 한자 문화권을 대표하는 석학이다. 『논어』를 해설하는 난화이진 선생의 모습은 소탈해 보였다. 선생은 "배우고 제때 익히면學而時習之"

9

머리말

이라고 진지한 말투로 설명하지 않았다. 그의 화법은 이해하기 쉬웠다. 강의는 이렇게 시작했다.

"천하는 원래 두 팔보다 가벼운 것입니다. 그런데, 세상 사람들은 어째서 옥구슬 같은 것만을 중요시하는 것인지天下由來輕兩臂, 世上何苦重連城."

나는 첫 부분을 읽자마자 머릿속이 명징해짐을 느꼈다. '원래 『논어』가 이렇게 재밌는 이야기였던 거야?' 난화이진 선생은 원문의 해석을 시작으로 그 이야기가 생겨난 시대적 배경과 상황, 그리고 공자의 관점 등을 모두 알기 쉽게 설명하고 있었다.

나는 책을 끝까지 다 읽고 난 후에야 난화이진 선생의 책 『논어 강의』가 쉽게 이해됐던 이유를 알게 됐다. 이 책은 난화이진 선생의 강연을 그대로 기록한 강의록이었기 때문이다. 대화체로 편집돼서 편하게 읽히기도 했고 생동감이 느껴졌다. 선생은 친구에게 말하는 것처럼 꾸밈이 없고 친숙한 말투로 강의를 이어갔다. 난화이진 선생의 『논어 강의』의 가장 큰 장점은 바로 이 소탈함과 친밀함에 있다. 많은 사람이 선생의 강의를 통해서 『논어』에 입문했다. 그만큼 선생의 강의는 대중적인 영향력이 지대하다. 『논어』는 그렇게 서서히 나의 삶 속에 침투하기 시작했다.

나를 살리는 논어 한마디

학사 학위를 받은 나는 공영방송국에 입사했다. 방송국의 규모는 엄청났다. 몸집이 큰 회사에서 일하는 직원은 자신의 노력이 결실을 맺지 않으면 깊은 무기력감에 빠지게 된다는 것을 알게 됐다. 당시 나는 혼신을 다해 프로그램을 제작했다. 하지만 나의 작품이 언제 방영될지는 알 수 없었다. 당연히 나는 상사로부터 인정을 받지 못했다는 실망감에 휩싸이게 됐다. 심지어 나는 상사가 나의 존재 자체를 모르고 있다는 생각마저 하게 됐다.

그렇게 무기력하게 직장 생활을 하던 나는 한 달에 일을 하는 시간이 기껏해야 2주라는 사실을 알게 됐다. 시간은 남아돌았고 수입도 낮았다. 하지만 주거비용이 많이 드니 당연히 스트레스가 심해질 수밖에 없었다. 생계에 대한 불안은 나를 깊은 두려움에 휩싸이게 했다. 그리고 내가 무능하다는 생각이 독버섯처럼 마음 깊숙이 퍼져나갔다.

'직장을 잃으면 어쩌지? 프로그램이 다시 방영되지 못하면 어쩌지? 빌린 집에서 쫓겨나면 어디서 지내지?' 쌓여가는 불안감에 뜬눈으로 밤을 지새울 때도 많았다. 한마디로 우울증 초기 증상을 겪었다.

무라카미 하루키가 그랬던가? 야구장에 갔던 날 푸른 하늘로

솟구치는 홈런볼을 보면서 소설을 써야겠다는 생각이 들었다고. 그런 식으로 어느 날 갑자기 내 머릿속에 『논어』가 떠올랐다. '다시 읽어볼까?' 남아도는 시간에 잡생각에 빠져 있느니 차라리 독서를 하는 게 낫겠다는 생각이 들었다. 나는 『논어』를 해설한 책들을 1년 동안 파고들었다. 그렇게 나는 『논어』라는 깊은 심연에 빠져들게 되었다.

시대에 따라 '『논어』 읽기'의 방법은 다르다. 한漢나라 시대부터 위진魏晉, 당唐나라, 송宋나라, 명明나라, 청淸나라, 그리고 근대까지 많은 학자와 작가들이 『논어』와 관련된 해설서와 창작물을 썼다. 나는 많은 사람이 『논어』를 해설한 책들을 탐독했다. 무도인이 도장 깨기를 하듯 한 권 한 권 『논어』 해설서들을 읽어 내려갔다. 그러던 어느 날 나는 『논어』에 대한 학식이 깊어진 자신의 모습을 마주하게 됐다. 공자는 강인했다. 용감했다. 그리고 동시에 친근했고 다정했다. 한마디로 공자는 빠져들 수밖에 없는 매력을 가진 군자였다.

공자의 『논어』는 사람 마음속을 파고든다. 그 감동은 나이 불문이다. 어떤 난관에 부딪힐 때 공자는 『논어』를 통해 해답을 제시

한다! 공영방송국에서 내 능력을 펼치지 못하고 있다는 생각에 괴로워하는 나를 지켜준 공자의 말은 바로 이것이다.

"군자는 도를 도모하지, 먹을 것을 도모하지 않는다君子謀道不謀食."

"군자는 도를 걱정하지, 가난을 걱정하지 않는다君子憂道不憂貧."

"다른 사람이 나를 알아주지 않는 걸 걱정하지 말고, 내가 다른 사람을 알아주지 않는 걸 걱정해야 한다不患人之不己知, 患不知人也."

공자는 먼 곳에 있지 않았다. 내가 겪고 있는 고통과 근심을 공자도 겪었다니! 나의 문제들은 나 혼자만의 것이 아니라 아주 오래전부터 모든 사람이 겪어 온 고통이었던 것이다. 나의 고통은 고작 집세와 업무에 한정되어 있었다. 하지만 공자가 살았던 춘추전국시대에는 생사가 걸린 일들이 많았다. 그렇게 생각하는 『논어』에 대한 깨달음이 황홀하게 느껴졌다. 나와 조상들이 『논어』를 통해 진솔한 모습으로 마주할 수 있었던 것이다. 내 몸 안에 흐르는 피는 조상으로부터 물려받은 것이다. 조상의 사상이 나의 문제를 해결할 수 있고, 나도 조상의 생각들을 이해할 수 있다는 믿음이 생겨난 것이다.

『논어』를 읽고 나는 근심에 잠을 이루지 못하는 일이 없어졌다. 심지어 방송국에 사표를 제출했을 때도 초조함이나 불안함에 휩싸이지 않았다. 내 마음이 평온함을 되찾을 수 있었던 이유는 공자의 말 덕분이다. 공자는 말했다.

"아침에 도를 들으면 저녁에 죽어도 좋다朝聞道, 夕死可矣."

"급작스러운 상황에서도 반드시 어질어야 하며, 곤궁한 상황에서도 반드시 어질어야 한다造次必於是, 顚沛必於是."

저자 판덩

공자가 하지 않은 일이 네 가지 있었다. 무슨 일이든 확실하지 않는데도
지레짐작으로 단정을 내리는 의意, 자기 언행에 있어
반드시 틀림없다고 단정내리는 필必, 자기의 의견만 옳다고 고집하는 고固,
매사를 자기만을 위한 이기적인 아我이다.

『논어』中

차례

리인편仁 편

어진 사람들에 의한, 어진 마음을 위한

나를 살리는 논어 한마디

옹야雍也 편

지나침도 없이, 모자람도 없이

나를 살리는 논어 한마디

"시끄러운 곳에서 고요함으로 처신하는 자의 여유는 아름답다." _295
_중인이하, 불가이어상야中人以下, 不可以語上也

"어려운 일을 먼저하고 얻는 것을 나중에 하는 지혜로움을 갖춰라." _298
_경귀신이원지敬鬼神而遠之

"지혜로운 사람의 즐거움은 물과 같고, 어진 사람의 즐거움은 산과 같다." _303
_지자요수, 인자요산知者樂水, 仁者樂山

"바다보다 깊고 태산보다 무거운 삶을 사는 군자의 평정을 배워라." _306
_군자가서야, 불가함야君子可逝也, 不可陷也

"지나침도 모자람도 없이, 가장 적정한 상태를 추구하라." _311
_중용지위덕아中庸之爲德也

"내가 올바로 서고 싶다면, 타인도 나와 같이 설 수 있게 하라." _314
_능근취비能近取譬

지혜로움과 어짊은 대립하지 않는다. 이 세상에는 지혜롭기만 한 사람도 없고
어질기만 한 사람도 없다. 사람은 누구나 마음속에
지혜로운 부분과 어진 부분을 가지고 있다. 따라서 우리는 지혜로움과 어짊을
동시에 추구해야 한다. 산과 물이 어우러져야 아름답듯이
내면의 아름다운 산수화山水畵를 그리기 위해서는
어짊과 지혜로움이 조화를 이루어야 하는 것이다.

◆ 리인里仁 편 ◆

어진 사람들에 의한,
어진 마음을 위한

論語

"꽃이 핀 마을에 머무르면 매향을 품은 인생이 따라온다."

_인위미仁爲美

공자가 말하길 "마을은 어질어야 아름답다. 어질지 않은 곳을 선택한다면 어찌 지혜롭다고 하겠느냐?"

子曰 "里仁爲美. 擇不處仁, 焉得知?"

자왈 "리인위미. 택불처인, 언득지?"

첫 문장은 공자가 환경이 성장에 미치는 영향에 대해 강조한 문장이다. 공자는 사람은 반드시 어짊과 덕성을 갖춘 사람들과 함께 살아야 한다고 말했다.

조직행동론 전문가인 히스 형제가 쓴 『스위치Switch』는 동네 분위기가 아이들의 성장에 미치는 영향을 설명해준다. 작가는 학업 성적이 좋지 않은 아이들이 치안이 좋지 않았던 거주지를 벗어나자, 학교 성적도 점차 좋아졌던 연구 결과를 소개한다. 빈민 지역에 살던 사람들이 미국 정부의 보조금을 받고 다른 지역으로 이주한 뒤 어떻게 생활했는지 몇 년에 걸쳐 추적 조사한 내용들이다. 빈민 지역을 벗어난 가정의 아이들은 학업 성적과 교우 관계 등 많은 면에서 긍정적인 변화가 이루어졌다. 반면 그 지역을 떠나지 않은 가정의 아이들은 오랜 시간이 지났음에도 여전히 성적이 좋지 못했다. 이는 사람은 유전적인 요인보다 환경에 영향을 받는다는 사실을 증명해주는 사례이다.

'깨진 유리창 이론'이라는 사회학 이론이 있다. 말 그대로 깨진 유리창이 있는 장소에서 일어나는 일들을 관찰하고 기록한 것을 토대로 만든 이론이다. 한 마을 빈터에 주차된 자동차에 창문 하나가 깨져 있었다. 자동차는 그대로 방치됐고 2일이 지나자 자동차의 바퀴가 하나 사라졌다. 자동차는 시간이 지날수록 심하게 망가져 갔다. 나중에는 폐차장에 버려진 자동차처럼 변해 버렸다. 집도 마찬가지였다. 한 마을의 후미진 골목에 사람이 살지 않는 집 몇 채가 모여 있었다. 한 집의 창문이 깨졌고 며칠이 지나자 그 집과 이웃한 다른 집 창문들도 깨져 있는 것을 발견했다. 또 며칠이 지났다. 담장에 혐오스러운 낙서들마저 생겼다. 그렇게 수개월이 지나자 창이 깨진 집들이 모여 있는 후미진 동네는 우범지역으로 변하고 말았다.

 '깨진 유리창 이론'은 환경이 인간 생활에 미치는 영향을 설명한다. 환경의 최초 변화는 고작 깨진 유리창 하나였다. 하지만 그 작은 변화를 바로잡지 않으면 그 요인은 점차 눈덩이처럼 불어나 커다란 변화를 일으킨다. 깨진 유리창 이론을 거꾸로 생각해 본다면, 어질고 덕성을 가진 사람과 가까이 지내야 하는 이유를 알게 된다.

 이제 공자의 문장으로 돌아가 보자. "어질지 않은 곳을 선택한다면 어찌 지혜롭다고 하겠느냐"에서 마지막 글자인 '지知'는 지혜 '지智'와 같은 의미이다. 이사를 할 때 어질고 덕성을 갖춘 사람들이 많은 마을로 들어가라는 공자의 충고이다. 이런 선택을 하는 사람들이 지혜롭다는 것이다.

 아들 맹자의 교육에 대한 어머니의 열정을 나타낸 '맹모삼천지교孟母三遷之教'는 너무나 유명한 고사성어이다. 주변 환경이 아이에게 안 좋은 영향을 준다는 사실을 발견하면 맹자의 어머니는 곧장 그곳을 떠나 다른 곳으로 이사했다. 맹자가 현자가 될 수 있었던 것은 팔 할이 그의 어머니 덕분이었다.

 '맹모삼천지교'를 따라 하려는 부모 중에 학교가 모여 있는 곳 근처로 이사하려는 사람들이 있다. 자녀들의 면학 분위기 조성을 위해 반드시 학교 근처에서 살아야 할까? 꼭 그렇지는 않을 것이다. 학교와 가까운 곳에서 사는 사람들이 어진 품성을 갖추었다고 장담할 수 없기 때문이다. 자녀 교육에는 별다른 신경을 쓰지 않으면서 그저 통학 거리가 가까워서 학교 근처의 집을 선택한 사람들도 많을 것이다.

교육환경이 중요한 건 사실이다. 하지만 아이에게 영향을 끼치는 환경은 꼭 거주지의 사람들만 포함되지 않는다. 자녀들에게 가장 큰 영향을 미치는 사람은 언제나 부모들이다. 부모의 어질고 자애로운 마음은 항상 자녀들이 성장하는 밑바탕이 된다. 아무리 교육환경이 좋다고 한들, 맹자의 어머니와 같은 품성이 없다면 소용없는 일이다.

나는 이 문장이 공자가 제자들에게 한 이야기일 것으로 생각한다. 공자는 이웃의 인품을 무척이나 중시하고 주변에 어질고 덕성을 갖춘 사람이 거주하기를 바랐다. 공자가 제자를 가르치기 시작했을 초반의 시기에는 공자 주변에 사람이 많지 않았을 것이다. 시간이 흘러 공자의 명성이 커지면서 사람들이 몰려들고 모두가 공자의 제자처럼 되었을 테니, 공자가 살던 동네는 아마도 어디에서도 찾아볼 수 없는 어진 마을이었을 것이다.

리인(里仁)편: 어진 사람들에 의한, 어진 마음을 위한

마음 채우기

눈을 감고 머릿속에 그림을 그려보자. 자공, 자로와 같은 제자들과 가까운 곳에 살면서 함께 모여 공부하는 공자의 모습을. 노년의 공자가 덕성을 갖춘 사람들과 함께 모여 산 것으로 보아, 공자의 노후는 꽤 행복했을 것이다. 어짊과 덕성을 가진 사람을 가까이하는 일은 당신이 어렴풋이 생각하는 것보다 훨씬 중대한 일임을 명심해야 한다.

"어진 사람은 곤궁함도, 즐거움도 편히 여긴다."

_인자안인仁者安仁

공자가 말하길 "어질지 못한 사람은 곤궁함에 오래 처할 수 없고, 즐거움에 오래 처할 수도 없다. 어진 사람은 어짊을 편하게 여기고, 지혜로운 사람은 어짊을 이롭게 여긴다."

子曰 "不仁者不可以久處約, 不可以長處樂. 仁者安仁, 知者利仁."

자왈 "불인자불가이구처약, 불가이장처락. 인자안인, 지자리인."

첫 구절 "어질지 못한 사람은 곤궁함에 오래 처할 수 없고"를 살펴보자. 여기에서 '곤궁함'으로 해석된 '약約'은 몹시 고달프다는 의미이다. 그래서 이 구절은 '어질지 못한 사람은 고달픈 환경에서 오랫동안 견디지 못한다'는 뜻으로 해석할 수 있다.

인생의 막장에 들어선 사람은 고달픈 환경에서 벗어나기 위해 극단적인 방법을 선택해 위험한 일들을 벌일 수도 있다. 특히 어질지 못한 소인들이 그럴 가능성이 크다. "군자는 온화하게 지내며 천명을 기다리고, 소인은 험하게 행동하며 요행을 바란다"라는 공자의 또 다른 말은 이 첫 구절과 같은 의미를 지닌다.

다음에 이어지는 "즐거움에 오래 처할 수도 없다"라는 구절은 '어질지 못한 사람은 좋은 환경에 오래 머물지 못한다'라고 해석할 수 있다. 『논어』 제4편 〈리인里仁〉의 첫 문장에서 살펴본 '깨진 유리창 이론'처럼 우리 삶의 많은 부분이 환경의 영향을 받는다. 하지만 모든 요인을 다 환경 탓으로만 할 수는 없다. 이는 남 탓만 하는 것과 같은 논리다. 그래서 어질지 못한 사람이 아무리 좋은 환경에서 지낸다 해도 어짊을 배우려 하지 않는다면 결국은 그 좋은 환경을 스스로 벗어날 상황이 생길 수도 있다.

공자는 왜 어질지 못한 사람이 고달픈 환경에서 오래 견디지 못하고, 즐거움에도 오래 처하지 못한다고 했던 걸까? 이유는 아주 간단하다. 소인은 외부 환경에 좌지우지되기 때문이다. 소인이 느끼는 즐거움과 행복의 기준도 외부의 사물이나 타인의 평가에 있다. 자기 내면에 어진 본성을 찾지 못하는 소인은 항상 외부에 휘둘리게 된다.

외부 사물에 대한 행복은 오래가지 못한다. 소인은 좋은 환경이 지속되면 점점 그 환경에 무감각해진다. 그리고 좋은 환경을 얻는 것이 힘들다는 사실도 깨닫지 못하게 된다. 하루아침에 벼락부자가 된 사람들이 갈수록 불행해지는 이유가 바로 이 때문이다. 우리는 흔히 복권에 당첨되면 행복질 것이라 생각한다. 하지만 하버드대학 행복 강의 『해피어Happier』의 저자이자 심리학자인 탈 벤 샤하르는 복권에 당첨된 사람의 삶이 대부분 불행해지는 이유가 지나치게 많은 돈으로 인해 삶의 리듬이 무너지기 때문이라고 말한다. 이해가 쉽지 않다면 반대로 생각해 보는 것이 도움이 될 때가 있다. 첫 문장을 거꾸로 생각해 보자. "어질지 못한 사람은 곤궁함에 오래 처할 수 없고, 즐거움에 오래 처할 수도 없다"는 '어진 사람은 곤궁함에 오래 처할 수 있고, 즐거움에 오래 처할 수 있다'가 된다.

어진 사람이 '곤궁함'과 '즐거움'에 오래 처할 수 있는 이유는 뭘까? 어진 사람에게 '곤궁함'과 '즐거움'은 단순히 외부 환경일 뿐이다. 어진 사람의 평온한 내면은 외부 환경에 영향을 받지 않는다. 자신의 천명과 이상을 가지고 있는 안회가 그런 사람이었다. "한 그릇의 밥과 표주박 물로 더러운 골목에 살면 사람들은 근심을 견뎌내지 못하는데, 그 즐거움이 변하지 않을 수 있었다."라

리인(里仁)편: 어진 사람들에 의한, 어진 마음을 위한

는 말은 안회를 두고 하는 말이다. 누추한 환경에서 살며 굶주림에 시달릴지라도 안회는 매일 즐겁게 살며 자신이 옳다고 생각하는 것을 추구했다.

송나라 유학자들은 과거 공자와 안회의 즐거움을 연구했다. 공자와 안회가 힘든 환경에서도 즐거울 수 있었던 이유는 뭘까? 그리고 부유했던 자공이 거만하지 않고 예를 지킬 수 있었던 이유는 뭘까? 그 이유는 극심한 외부 환경의 변화로 인해 삶이 아주 궁핍해지거나 부유해져도 내면은 한치의 흔들림도 없었기 때문이다.

현대인의 삶을 돌아보면 대부분은 '곤궁함에 오래 처할 수 없고', '즐거움에도 오래 처할 수 없는' 상태에 있다. 자신에게 한번 물어보자. 1년 중에서 내면에서 우러나오는 즐거움을 느낄 때가 몇 번이나 있는가? 직장인들은 항상 휴가를 기대한다. 하지만 막상 휴가철에 여행을 떠나면 기대했던 것만큼 낭만적이지 않은 현지의 분위기에 실망하고 힘들어하며 집으로 돌아가고 싶어 한다.

어진 사람이 된다면 우리는 외부 사물에 휘둘리지 않고 삶의 진정한 즐거움을 느낄 수 있다. 그리고 이런 즐거움은 내면의 것이기 때문에 가난하거나 부유하다고 해서 결코 사라지지 않는다.

공자의 두 번째 문장을 살펴보자. "어진 사람은 어짊을 편하게

여기고, 지혜로운 사람은 어짊을 이롭게 여긴다" 어짊을 생활의
근본으로 삼는 사람은 가난한 삶 속에서도 어짊을 통해 편안한 삶
을 살 수 있다. 그래서 공자는 이렇게도 말했다.

"군자가 살 곳인데 무슨 누추함이 있겠느냐君子居之, 何陋之有."

어진 사람은 열악한 환경에서도 안락함을 느낄 수 있는 것이다.
이어지는 구절 "지혜로운 사람은 어짊을 이롭게 여긴다"라는 것
은 여러 의미로 해석해 볼 수 있다. 먼저 '지혜로운 사람은 어짊으
로 이로움을 행한다'라고 해석해 보자. 어짊을 통해 더 큰 가치를
발견해 내고 어짊을 이용해 더 많은 사람을 돕는 사람이 지혜로운
사람이라는 것이다. 다음 해석으로는 '이로움으로 어짊을 양성한
다'라고 이해할 수도 있다. 부유한 생활에서 '즐거움에 오래 처하
려면' 어짊으로 자신의 품행을 수련해야 한다.

또한 "지혜로운 사람은 어짊을 이롭게 여긴다"라는 문장은 지
혜로운 사람은 어짊을 활용해 더 많은 일을 해낼 수 있고, 어짊의
범위를 계속 확장할 수 있다는 이야기이다. 이 때문에 공자는 "어
진 사람은 어짊을 편하게 여기고, 지혜로운 사람은 어짊을 이롭게
여긴다"라고 말한 것이다.

공자가 말하는 '어진 사람'과 비슷한 유형의 사람이 '자존감이 높은 사람'이다. 자존감이 높은 사람은 외부 환경의 변화에 영향을 많이 받지 않고, 즐거운 생활을 할 수 있다. 반면 자존감이 낮은 사람은 자신에 대한 평가와 삶의 목표가 외부 환경의 변화와 타인의 반응에 따라 결정되기 때문에 삶이 즐거울 수 없다. 만약 당신이 자존감이 낮다고 생각된다면, 당신은 아직 어진 사람이 되지 못한 것이다.

마음 채우기

우리는 공자의 말을 되새겨 자신을 반성하고 '곤궁한 상황'이나 '즐거운 상황'에 오래 머물 수 있는 사람이 되도록 노력해야 한다.

"인생은 바다와 같다"라는 말이 있다. 오르락내리락하고 굴곡이 심한 인생의 모습을 바다에 비유한 것이다. 바다 날씨는 예견하기 힘들다.

바다는 언제나 불확실성을 대변하는 상징적인 존재로 등장한다. 우리의 삶도 불확실성으로 가득하다. 하지만 두려워할 필요는 없다. 어진 마음은 변화무쌍한 바다를 헤쳐나가는데 큰 버팀목이 되어줄 것이기 때문이다.

"오직 어진 사람만이 누군가를 꽃으로 여겨 사랑을 심는다."

_유인자능호인唯仁者能好人

공자가 말하길 "오직 어진 사람만이 사람을 좋아할 수 있고
싫어할 수 있다."
子曰 "惟仁者能好人, 能惡人."
자왈 "유인자능호인, 능오인."

　전체 문장을 해석하기 전에 일단 한자 두 개를 살펴보자. 문장에 쓰인 한자 '호好'는 좋아한다는 뜻이고, '오惡'는 싫어한다는 의미이다. "유인자능호인, 능오인惟仁者能好人, 能惡人"을 대략 해석해보자면 어질고 덕성을 갖춘 사람만이 사람을 좋아할 수 있고, 반대로 사람을 싫어할 수 있다는 뜻이 된다. 공자는 사람에 대해 좋고 나쁨이 분명하다는 것을 강조했다.

누구나 그렇겠지만 공자는 특히 위선자를 싫어했다. 위선자는 원칙이 없다. 자신에게 피해가 생길까 봐 누구한테나 좋은 말을 한다. 그리고 세상에 나쁜 사람이 하나도 없는 것처럼 행동한다. 공자는 이러한 부류의 사람은 타인을 존중하는 것이 아니라 원칙이 없는 것으로 판단했다. 내면의 원칙이 없는 사람은 옳고 그름을 분간할 수 있는 능력이 없으며, 나쁜 행동을 지적할 수 있는 용기도 없다. 따라서 사람을 좋아하고 싫어할 수 있는 것은 내면의 원칙이 있는 어진 사람이 할 수 있는 일이다. 어진 사람은 다른 사람의 장점을 칭찬하고 상대방의 단점을 지적할 수 있는 용기를 지니고 있다.

"오직 어진 사람만이 사람을 좋아할 수 있다"라는 문장의 의미는 어진 사람은 상대방의 인성을 바라보며 좋은 마음을 품는다는 뜻이다. 가령, 소인은 상대방의 품성이 아니라 그 사람의 지위나 학벌, 학위, 재력 그리고 아름다운 외모 등 겉으로 드러난 것들을 좋아한다. 이런 것들을 좋아하는 것은 어렵지 않다. 하지만 있는 그대로의 모습을 좋아하는 것은 차원이 다르다. 상대방의 됨됨이를 파악할 수 있는 안목이 필요하고, 또 아무런 대가 없이 사람됨을 좋아하는 순수한 마음이 있어야 한다. 따라서 어진 사람만이 진정 사람을 좋아할 수 있는 것이다.

이 문장을 이렇게 해석할 수 있는 근거가 있다. 공자와 그의 제자 번지의 대화를 살펴보자. 번지가 어짊에 관해 물었다. 공자는 "사람을 사랑하는 것이다"라고 대답했다. 다시 말해 어짊은 사람을 사랑하는 마음이다. 그래서 "오직 어진 사람만이 사람을 좋아할 수 있다"라는 문장이 나오게 된 것이다.

이 문장은 어진 사람과 소인의 차이점도 지적한다. 소인은 자신에게 이익이 되는 사람은 나쁜 사람이라도 싫어하지 않는다. 예를 들어서 오염 물질을 몰래 배출하는 한 공장의 사장 밑에서 일하는 소인은 그 사장이 자신을 잘 챙겨준다면 그를 나쁘게 생각하지 않는다. 사장이 법을 어기고 있다는 것을 자각하더라도 애써 무시하며 자신의 이해관계에만 신경을 쓰는 것이 소인의 속성이다.

나는 "사람을 좋아할 수 있다"라는 것과 "사람을 싫어할 수 있다"라는 것을 다음과 같이 구분해서 이해한다. 사람을 좋아하는 것과 싫어하는 것의 기준이 사람인지 사물인지에 따라서 군자와 소인을 판단하는 것이다. 소인은 이익에 따라 사람을 사귀고, 군자는 뜻이 일치하고 지향하는 바가 같은 사람을 좋아한다.

군자의 특성을 생각해 보자. 군자는 상대방이 싫을 때 솔직하게 그 사람의 단점과 잘못된 점을 지적할 수 있다. 군자는 원칙

리인(里仁)편: 어진 사람들에 의한, 어진 마음을 위한

없이 사람을 좋아하지 않고, 본인도 이익에 따라 움직이지 않는다. 그래서 군자는 누구에게도 아부할 필요가 없고, 이익을 위해 아첨을 할 필요도 없다. 군자의 마음은 크다. 상대방을 좋아하지 않아도 원칙을 깨지 않는다면 상대방과 함께 일할 수 있는 넉넉함이 있다. 군자는 먼저 나서서 시비를 걸거나 상대방을 자극하는 일을 하지 않는다. 그리고 그 사람이 싫다는 이유로 외면하지도 않는다.

이와 비슷한 내용의 다른 문장이 『논어』에 적혀 있다.

> "군자를 섬기는 건 쉬워도 기쁘게 하기는 어렵고, 소인은 섬기기는 어려워도 기쁘게 하기는 쉽다."

앞의 구절 "군자를 섬기는 건 쉬워도 기쁘게 하기는 어렵다"라는 것은 '군자와 함께 협력하기는 쉽지만, 군자를 기쁘게 하기는 어렵다'라는 의미이다. 예를 들어서 군자의 면모를 갖춘 사장이라면 선물을 하거나 자신의 집안일에 관심을 두는 부하 직원을 좋아하지 않을 것이다. 당연한 이야기겠지만 그런 직원을 승진시키지도 않을 것이다. 이런 품성의 사장을 기쁘게 해주는 일은 어렵다. 하지만 이렇게 신실한 사장과 함께 일하는 것은 매우 유쾌한 일일 것이다. 군자다운 면모를 가진 사장은 시비를 걸거나 부당한 요구를 하지 않을 테니 직원은 해야 할 일만 열심히 하면 그만이다. 군자는 "사람을 부릴 때는 그릇에 맞게" 일을 시킨다. 군자다운 사장은 직원의 능력에 벗어나는 일을 처리하지 못했다고 나무라지 않는다.

소인에 대해 살펴보자. 문장 그대로 소인은 섬기기는 어려워도 기쁘게 하기는 쉽다. 그래서 소인과 협력할 때는 겉으로 드러나는 것들로 그를 기분 좋게 만들 수 있다. 소인 같은 면모를 갖춘 사장은 몇 마디 아부에도 기뻐할 것이고, 선물 공세를 펼치면 흡족해할 것이다. 집안일에 관심을 두고 시시콜콜 물어보는 부하 직원들도 좋아할 것이다. 이처럼 소인은 기쁘게 하기는 쉽지만 협력하기는 어렵다. 왜냐하면 소인은 문제가 생기면 가장 먼저 배신할 것이기 때문이다. 소인은 '사람을 부릴 때는 완전히 갖추기를 바라기' 때문에 걸핏하면 가혹한 요구를 하고 문제가 생기면 모든 책임을 전가하려 한다. 그래서 소인 같은 사장은 회사에 나쁜 일이 발생하면 자신의 부족함을 되돌아보지 않고 그와 관련된 직원을 해고할 것이다. 이번 이야기는 사람을 대하는 방법에 대해 알려준다.

리인(里仁)편: 어진 사람들에 의한, 어진 마음을 위한

마음 채우기

우리는 군자와 소인을 구분하는 법을 배워야 한다. 그러기 위해서는 자기 내면에 어짊을 키워야 한다. 오직 어진 사람만이 사람을 좋아할 수 있고 싫어할 수 있기 때문이다. 어진 사람은 사람을 싫어할 수 있지만, 모두와 함께 협력하며 조류에 휩쓸리지 않는다. 이것이 공자가 추구한 어진 사람의 경지이다.

나를 살리는 논어 한마디

"어진 사람은 이유 없이
함부로 사람을 미워하지 않는다."

_구지어인의 苟志於仁矣

공자가 말하길 "진심으로 어짊에 뜻을 두면 악함이 없다."

子曰 "苟志於仁矣, 無惡也."

자왈 "구지어인의, 무악야."

    한자의 쓰임에 따라 두 가지로 해석할 수 있는 문장이다. "악함이 없다無惡也"에서 '惡'은 '악할 악'과 '미워할 오' 두 가지로 쓰인다.

    먼저 '악할 악'으로 해석해 문장을 이해해 보자. 그러면 '진심으로 어짊에 뜻을 두면 악함이 없다'라는 의미가 된다. 진심으로 어짊에 뜻을 두는 것은 정신적 가치의 높은 경지를 추구하는 것이다. 결과는 중요하지 않을지도 모른다. 어진 사람의 경지에 도달하지 못하더라도 정신적 가치를 추구하는 사람이라면 나쁜 일을 할 까닭이 없다. 설사 선택한 방법이 옳지 않더라도 어짊을 추구하는 사람은 자신을 되돌아볼 자세를 갖춘 사람이다.

이번에는 '惡'을 '미워할 오'로 해석해 보자. 문장은 '진심으로 어짊에 뜻을 두면 미워함이 없다'로 풀이할 수 있다. 어질고 덕성을 가지려 노력하는 사람은 다른 사람을 미워하지 않는다는 의미가 된다. 나는 이 문장을 '악할 악'으로 해석하는 것을 좋아한다. 물론 『논어』에는 다양한 해석이 있는 만큼 내 해석이 옳다고 할 수는 없다.

『대전략에 대하여On Grand Strategy』의 저자 존 루이스 개디스 예일대 교수는 국가의 정치적 목표를 달성하기 위해 모든 자원을 효과적으로 조정, 통제하고 활용하는 방법을 모색한다. 개디스 교수는 링컨 대통령의 예를 든다. 링컨의 흑인 해방 선언은 평등을 위한 대전략이었다는 것인데, 이것이 바로 '어진 마음'이다. 어짊에 뜻을 두고 높은 정신적 가치를 추구한다면 그 사람이 하는 일도 융통성을 가지게 된다. 예컨대 노예제도를 폐지시켰던 링컨도 한때 노예제도를 지지했던 적이 있었다. 그가 그렇게 할 수밖에 없었던 것은 당시 노예제도를 옹호하지 않는다면 미국이 분열될 수밖에 없었기 때문이었다.

링컨도 때로는 세세한 부분에서 그릇된 길을 걸었다는 것을 알수 있다. 공자는 '어짊에 뜻을 둔 사람'이라면 위대한 목표를 가지고 있으므로 작은 잘못을 기준으로 나쁜 사람으로 치부해서는 안된다고 말한다. 그리고 링컨도 이와 비슷한 말을 했다.

"나침반이 남쪽으로 갈 수 있는 정확한 방향을 알려줄 수는 있지만, 만약 나침반만 따라간다면 늪지에 빠질 수 있다."

목적지를 향한 최단 거리를 가는 것이 항상 옳은 방법은 아니다. 최단 거리에는 함정이 있기 마련이다. 그래서 함정을 피하는 법을 알아야 하고, 언제 나타날지 모르는 늪지를 돌아가는 우회법도 알아야 비로소 남쪽으로 안전하게 도달할 수가 있다. 나침반과 그것을 손에 쥔 사람의 지혜가 함께 어우러져야 하는 것이다.

공자는 소문이 무성한 시대를 살았다. 사람들은 모두 풍문에 기대어 타인을 평가했다. 진정 좋은 사람과 나쁜 사람을 가려내기가 쉽지 않았던 시대였다. 우리가 제나라 재상 '관중'과 정치가 '안영'에 대한 평가를 오직 공자의 기준만으로 보아, 그들이 좋은 사람이었는지 나쁜 사람이었는지를 정확하게 판단할 수 없는 것처럼 말이다.

마음 채우기

공자는 이 문장에서 내면이 진중하고 큰 방향에서 옳은 일을 하는 사람이라면 특별하게 큰 잘못을 저지르지 않는다고 말하고 있다. 작은 일을 기준으로 옳은지 틀린 지를 가려내기는 쉽지 않다. 하지만 충분히 긴 시간을 두고 그 사람이 무슨 일을 했으며, 어떤 방향으로 나아갔는지를 지켜본다면 그 사람의 됨됨이를 평가할 수 있다. 즉, 사람은 큰 뜻을 가져야 한다는 점을 공자는 우리에게 알려준다.

나를 살리는 논어 한마디

"어짊은 밥을 먹는 사소한 순간에도 나를 다스릴 줄 아는 것이다."

_군자무종식지간위인君子無終食之間違仁

공자가 말하길 "부유함과 고귀함은 사람이 원하는 것이지만, 합당하게 얻지 않았으면 처하지 않아야 한다. 가난함과 비천함은 사람이 싫어하는 것이지만, 합당하게 얻지 않았다고 하더라도 버려서는 안 된다. 군자가 어짊을 버리면 어떻게 이름을 이루겠느냐? 군자는 밥을 먹는 사이에도 어짊을 어기지 않으며, 급작스러운 상황에서도 반드시 어질어야 하며, 곤궁한 상황에서도 반드시 어질어야 한다!"

子曰 "富與貴, 是人之所欲也; 不以其道得之, 不處也. 貧與賤, 是人之所惡也; 不以其道得之, 不去也. 君子去仁, 惡乎成名? 君子無終食之間違仁, 造次必於是, 顚沛必於是!"

자왈 "부여귀, 시인지소욕야; 불이기도득지, 불처야. 빈여천, 시인지소오야; 불이기도득지, 불거야. 군자거인, 오호성명? 군자무종식지간위인, 조차필어시, 전패필어시!"

리인(里仁)편: 어진 사람들에 의한, 어진 마음을 위한

문장을 읽어 내려가며 말 속에 담긴 공자의 힘이 느껴지는가? 공자의 문장들은 대부분 부드러운 편인데, 이 문장만큼은 강력한 힘이 느껴진다.

공자가 말했다. "부유함과 고귀함은 사람이 원하는 것이지만, 합당하게 얻지 않았으면 처하지 않아야 한다" 부유함과 고귀함은 모든 사람이 성취하기 위해 노력하는 것이다. 하지만 공자는 그 방법이 합당하지 않으면 가져서는 안 된다고 말한다.

공자는 막대한 재산을 모을 수 있는 기회가 있었다. 나이 40을 넘긴 공자는 노魯나라에서 행정관리인 중도재中都宰에 이어서 법률 재판관인 대사구大司寇로 지냈다. 이때 공자를 따르는 무리를 만들어 나라 재산에 손을 댔으면 부유함을 얻었을 것이고, 왕과 신하들에게 아첨했다면, 입신양명하여 고귀함을 얻을 수 있었을 것이다. 하지만 올곧았던 공자는 자신을 따르는 무리를 만들기는커녕, 자신을 미워하는 관리들만 만들고, 이웃 나라의 모략으로 관직을 그만둬야만 했다. 만약 공자가 다른 관리들과 이웃 나라에도 아첨했다면 부유함과 고귀함을 얻었을 것이다. 하지만 공자는 부정한 방법을 사용하면 아무런 가치도 없다고 여겼다.

이어지는 구절 "가난함과 비천함은 사람이 싫어하는 것이다"를 보자. 사람은 누구나 가난함과 비천함을 원치 않는다. 이 구절은 쉽다. 하지만 다음 구절의 해석이 쉽지 않다. 앞부분과 뒷부분만 놓고 보면 '가난함과 비천함을 버려서는 안 된다'로 생각하는 사람들이 많기 때문이다. 앞부분을 연결하지 말고 풀이해 보자. "합당하게 얻지 않았다고 하더라도 버려서는 안 된다"라는 의미는 '가난함과 비천함을 가지고 살라'가 아니라, '가난함과 비천함을 벗어나는 것도 합당하게 해야 한다'고 해석해야 한다.

다음에 이어지는 "군자가 어짊을 버리면 어떻게 이름을 이루겠느냐?"라는 질문은 만약 내면에 어짊과 덕성이 없다면 큰 명성을 이룬들 무슨 소용이냐고 묻는 것이다. 이 질문은 나에게 큰 의미를 지니고 있다. 많은 사람이 '판덩독서'를 운영하는 나를 '인터넷 스타'라고 생각한다. 하지만 나는 인기를 얻으려고 '판덩독서'를 운영하는 것이 아니다. 그리고 도대체 인터넷 스타란 뭘 말하는 걸까? 인터넷 스타의 가치는 뭘까?

인터넷이나 유튜브에서 인기를 끌고 있는 사람들에 대해서 이러쿵저러쿵 말이 많다. 나는 생활의 편리함을 제공해 주고, 긍정적인 가치관을 전파하고, 경험과 지식을 공유하는 인터넷 스타들을 많이 보았다. 하지만 일부는 그저 유명해지고 싶은 욕망으로 수단과 방법을 가리지 않기도 한다. 인터넷 개인 방송국을 개설해 자극적인 뉴스를 확인도 거치지 않고 편파적으로 방송하고, 저속한 표현을 사용해 인터넷 이용자들을 자극하거나, 기괴하고 삼키기도 힘든 것을 먹거나 심지어 동물을 학대하면서 트래픽을 올리려 한다. 개방적인 인터넷 세계는 누구나 접속할 가능성이 크다. 하지만 이런 사람들은 어린이들이 시청자가 될 수 있다거나 잘못된 정보로 특정인을 궁지로 몰아넣는 등의 사회적인 폐단은 안중에도 없다. 이런 인터넷 스타들의 목적은 오로지 자기 영향력 확대와 금전이다.

그래서 공자는 말한다. "군자가 어짊을 버리면 어떻게 이름을 이루겠느냐?" 유명해지고 싶다면 수단과 방법을 가리자. 치졸한 방법으로 유명해진다면 결국 피해를 보는 것은 자신이 될 수 있다. 덕성이 부족한 채 유명세만 높아진다면 언젠가는 안 좋은 결과를 맞이할 수밖에 없다.

마지막 문장을 살펴보자. "군자는 밥을 먹는 사이에도 어짊을 어기지 않으며" 이 구절은 '먹는 과정에도 군자는 어짊을 어겨서는 안 된다'라는 뜻으로 해석된다. 언뜻 보면 상당히 고지식해 보이는 이야기이다. 사람은 항상 어짊과 덕성을 어기지 않도록 자신을 단속해야 하며, 심지어 밥을 먹을 때조차 어진 것을 어기지 말아야 한다는 소리처럼 들리기 때문이다. 하지만 공자의 뜻은 그렇게 단순하지 않다. '하고 싶은 대로 행동해도 법도에 어긋나지 않는' 수준에 오른 공자는 일부러 자신을 단속할 필요가 없었다. 가령 식사 예절을 예로 들어보자. 식사 자리에서 다른 사람이 자신에게 특별한 반찬을 따로 제공하면 우리는 감사하다고 인사를 한다. 공자가 이야기하는 바는 이렇게 쉬운 것도 못하는 사람들을 염두에 둔 말이다.

예절은 습관이다. 감사하다고 인사하는 습관을 들인다면 항상 자신을 단속할 필요가 없이 식사할 때도 자연스럽게 어진 상태로 머물 수 있을 것이다. 하지만 반대로 식사 예절을 배우지 않아 음식을 뒤적거리거나 요란하게 소리를 내면서 식사를 하는 사람들도 있다. 이런 식사 예절들은 자연스럽게 몸에 나타나는 것이라서 습관이 잘못 들어 있다면 힘들게 자신을 단속해야 할 것이다.

나는 식사하는 모습에서 상대방의 인품도 평가할 수 있다고 생각한다. 평상시 함께 일하거나 대화할 때는 예의 바르게 행동하던 사람이 식당에서는 무례하게 행동하고, 종업원에게 화를 내는 경우가 있다. 왜 그런 것일까? 아마도 자신은 돈을 내는 사람이니 감정을 마음대로 발산해도 된다고 생각하기 때문일 것이다. 이런 사람들은 자신에게 서비스를 제공하는 사람은 존중할 필요가 없으며, 자신의 이익과 무관한 사람에게 잘 대해 줄 필요가 없다고 생각하는 부류이다. 바로 이런 모습이 "밥을 먹는 사이에 어짊을 어기는 것"이라 할 수 있다.

상대방의 됨됨이를 평가하려면 그 사람이 자신을 어떻게 대하는지만 보지 말고, 낯선 사람, 가장 가까운 그의 가족들을 어떻게 대하는지를 관찰해야 한다. 그리고 식사 자리는 사람의 품행을 쉽게 파악할 수 있는 좋은 기회이다. 공자의 경지까지 수련한다면 모든 일이 자연스럽고 편안하고 원활해서 힘을 들이거나 자신을 단속할 필요가 없게 된다. 이것이 바로 어짊을 몸에 밴채 행동하는 사람들의 상태이다.

이어지는 "급작스러운 상황에서도 반드시 어질어야 하며"라는 구절은 아주 바쁘고 급박한 상황에서도 어질게 행동해야 한다는 의미이다. 마지막 구절 "곤궁한 상황에서도 반드시 어질어야 한다"라는 것은 생활이 힘들고 고단한 상황에서도 어질게 행동해야 한다는 의미이다. 아주 급한 상황, 몹시 어려운 상황, 심지어 생활이 어려워 거처도 없는 상황에서도 어짊을 자연스럽게 유지할 수 있어야 한다.

반란을 일으킨 영왕寧王 주신호朱宸濠가 각지의 중진을 함락시키고, 불과 사흘 만에 파죽지세로 구강 등지를 장악하자 유학자 왕양명이 피난을 갔다. 급박한 상황에 부딪친 왕양명은 서둘러 배를 타야 했다. 모든 사람이 급하게 물건을 수습하고 있을 때 한쪽에 있던 왕양명은 차분하게 "챙기지 않은 물건이 있다"라고 말했다. 모두 의아하게 왕양명을 바라보자 그는 조용히 이렇게 말했다. "정개를 챙기지 않았구나." 열쇠와 같은 '정개'는 신분을 나타내 주는 것으로, 정개가 없으면 다른 도시에 들어갈 수 없었다. 왕양명처럼 어진 사람은 목숨이 위험한 급박한 상황에서 예기치 못한 일들이 발생했을 때도 모든 일을 침착하게 바라봤다.

'어짊'은 불교의 선禪과 흡사한 점이 있다. 현재에 충실하고 활달하며, 생동감 있고, 힘을 들이지 않는다는 점이 비슷하다. 왕양명은 쫓기고 있는 상황에서도 넋이 나가 갈팡질팡하지 않았다. 긴급한 상황에서 당황하다 예의범절을 잃는다면 사람이 지켜야 할 도덕을 상실하게 된다.

마음 채우기

어짊은 편안하고 적합하며 쾌적한 상태이다. 진정으로 어짊을 추구한다면 공자가 제시한 요구가 지나치게 높지 않다는 걸 이해할 수 있다. 진심으로 편안한 상태에서는 억지로 의식하면서 자기 행동을 단속할 필요가 없다. 밥을 먹을 때나 급박하고 곤궁한 상황에서 다른 사람으로 변할 필요 없이 자신의 평상시 편안하고 쾌적한 모습을 유지할 수 있을 것이다.

"잡념 없이 온 힘을 다해 어짊을 추구하니 또 무엇을 바라겠는가?"

_아미견력부족자我未見力不足者

공자가 말하길 "나는 어짊을 좋아하는 사람과 어질지 못함을 싫어하는 사람을 보지 못했다. 어짊을 좋아하는 사람은 이보다 더할 수 없으나 어질지 못함을 싫어하는 사람도 어짊을 행함에 어질지 못함이 그 몸에 가해지지 못하게 한다. 하루라도 어짊에 힘을 쓸 수 있는가? 나는 힘이 부족한 사람을 보지 못했다. 아마도 있었겠지만, 나는 아직 보지 못했다."

子曰 "我未見好仁者, 惡不仁者. 好仁者, 無以尙之; 惡不仁者, 其爲仁矣, 不使不仁者加乎其身. 有能一日用其力於仁矣乎? 我未見力不足者. 蓋有之矣, 我未之見也."

자왈 "아미견호인자, 오불인자. 호인자, 무이상지; 오불인자, 기위인의, 불사불인자가호기신. 유능일일용기력어인의호? 아미견력부족자. 개유지의, 아미지견야."

이 문장은 이해하기 까다롭다. 글자 그대로 해석해 본다면 다음과 같다.

"나는 어짊을 좋아하거나 어질지 못함을 싫어하는 사람을 보지 못했다. 어짊을 좋아하는 사람은 그것으로 이미 아주 좋아서 더 좋아질 게 없다. 어질지 못함을 싫어하는 사람은 어질고 의로움을 추구하는 만큼 어질지 못한 것이 자기 몸에 더해지지 못하게 한다. 종일 자신이 어진 상태를 유지하도록 힘쓴 사람이 있는가? 나는 힘이 부족한 사람을 보지 못했다. 아마도 있었겠지만, 나는 보지 못했다."

조금은 나아졌을까? 좀 더 쉬운 이해를 위해 문장을 한 구절씩 구분해서 이해해 보자.

먼저 복잡한 앞 문장은 뒤로 미루고, 뒷 문장부터 보자. "힘이 부족한 사람"이다. 도대체 힘이 부족한 사람은 어떤 사람일까? 이는 문맥을 통해 파악해야 한다. 공자와 그의 제자 염구의 대화에서 힘에 대해 살펴보자. 염구가 공자에게 말했다.

"저는 스승님이 말씀하신 도를 지키고 싶지 않은 게 아니라 힘이 부족해서 할 수 없습니다. 그건 스승님처럼 타고나신 사람이나 할 수 있는 것입니다."

이에 대한 대답과도 같은 내용이 위 문장에 나온다. 공자는 "내

리인(里仁)편: 어진 사람들에 의한, 어진 마음을 위한

평생 진정으로 힘이 부족한 사람은 보지 못했다"라고 말했다. 진정으로 '힘이 부족한 사람'은 더는 진행할 힘이 없어 목표에 도달하지 못한다. 부단하게 노력하지만 정말 더는 할 수가 없어 포기할 수밖에 없는 것이다. 하지만 대부분은 첫걸음도 떼지 않은 채 그 자리에서 할 수 없다고 말한다.

우리 스스로 물어보자. '정말 하고 싶지만 힘이 부족한 것일까? 아니면 하기 싫은 것일까? 만약 어떤 목표를 달성하고 싶다면 핑계를 찾아서는 안 된다. 자신의 힘이 부족해서 이룰 수 없다고 말하는 것은 일종의 핑계이다. 설사 힘이 부족하더라도 일단 행동한다면 이루고 싶었던 목표 중 일부라도 이룰 수 있다.

『1만 시간의 재발견Peak』의 저자인 심리학자 안데르스 에릭슨 박사는 자기 분야에서 최정상에 오른 사람들은 타고난 재능이 아니라 아주 오랜 기간의 노력이 있었다는 논문을 발표했다. 성공한 사람들의 사례를 연구한 에릭슨 박사는 누군가가 해낸 일이라면 다른 사람도 해낼 수 있다는 사실을 발견했다. 예를 들어 만약 누군가가 파이값π 소수점 1만 자리까지 외웠는데, 다른 사람들은 1천 자리까지만 외웠다고 해 보자. 이건 능력의 차이가 아니라 외우기 싫은 마음 때문이다. 파이값 소수점을 1만 자리까지 외우는 것이 실용적이지 않다는 생각은 실제로 효과를 발휘해 암기력을 떨어뜨린다. 사람들은 대부분 무엇이든 할 수 있는 힘이 있다. 다만 하기 싫을 뿐이다. 그러니 자신의 힘이 부족해서 할 수 없다는 핑계를 대서는 안 된다. "나는 힘이 부족한 사람을 보지 못했다. 아마도 있었겠지만, 나는 아직 보지 못했다"라는 공자의 말은 분위기를 가볍게 하고 싶을 때 사용하는 공자의 농담이었을 것이다. 직설적으로 얘기하면 "세상에는 힘이 부족한 사람은 없다"라고 해야 할 것이다.

다음으로 분석해 볼 구절은 맨 앞의 문장 "나는 어짊을 좋아하는 사람과 어질지 못함을 싫어하는 사람을 보지 못했다"이다. 나는 '어짊을 좋아하는 사람'과 '어질지 못함을 싫어하는 사람'이 두 가지 다른 수행 과정을 묘사한 문장이라고 생각한다. '어짊을 좋아하는 사람'은 어진 사람을 본받으려고 노력하는 사람이고, '어질지 못함을 싫어하는 사람'은 어질지 않은 사람을 보며 자신을 반성하는 사람이다.

그렇다면 공자가 "어짊을 좋아하는 사람을 보지 못했다"고 말한 이유는 뭘까? 지나치게 단호하다고 생각되지 않는가? 공자는 제자가 아주 많았다. 분명 그중에 어진 제자들이 적지 않았을 텐데, 공자는 어째서 이런 말을 한 걸까? 공자의 말투와 성격을 알고 있다면 그가 이렇게 말한 이유를 이해할 수 있다. 공자는 종종

그때그때 기분에 따라 말을 했고, 기분이 좋지 않으면 불만을 토로했다. 공자의 인간적인 면모이다. 안회, 자공과 같은 공자의 제자들이 '어짊을 좋아하는 사람'이 아니었던 것은 아닐 테다. 다만 아무리 훌륭한 제자일지라도 공자의 높은 기대만큼 제자들이 노력하지 않는다고 생각될 때 이런 말로 제자들을 질책한 것이다.

　공자에 대한 나의 이런 해석이 다소 지나치다고 생각하는 사람들이 있을 것이다. 그러함에도 불구하고 내가 공자의 기분을 고려하는 이유는 근거가 있다. 다른 문장에도 공자가 비슷한 말로 불만을 늘어놓기 때문이다. 공자는 "나는 덕을 좋아하는 걸 색을 좋아하는 것처럼 하는 사람을 보지 못했다吾未見好德如好色者也"라고 말한다. 공자의 말투는 여전히 단정적이다. 공자가 이런 말들을 통해 이야기하고 싶었던 건 어짊을 좋아하는 것과 덕을 좋아하는 건 쉽지 않다는 것이다. 공자는 '나는 보지 못했다'라는 표현을 자주 사용하는데, 그만한 경지에 오르는 것이 어렵다는 걸 설명하기 위해 이런 표현을 즐겨 사용했다.

　"나는 어짊을 좋아하는 사람을 보지 못했다"라는 공자의 말은 '진심으로 어짊을 좋아하는 사람'을 보지 못했다는 의미로도 볼 수 있다. 우리는 어짊을 좋아하고 어진 덕성을 길러 뛰어난 인품을 갖추고 싶다고 말하지만, 사실 마음으로는 유능한 교수가 되고

나를 살리는 논어 한마디

싶거나 엄청난 재력을 자랑하는 기업가가 되고 싶어 한다. 그래서 공자는 '진심으로 어짊을 좋아하는 사람'을 보지 못했다고 말한 것이며, 여기서 어짊을 좋아하는 건 자기 수련의 방법이라 할 수 있다.

바로 이어지는 문장인 "어짊을 좋아하는 사람은 이보다 더할 수 없으나"라는 구절은 '어짊을 좋아하는 것'으로 이미 충분하다는 의미이다. 한 사람이 '어짊'을 좋아해 재물, 명성, 권력을 좋아하지 않는다면 이미 가장 좋은 상태라는 것이다. 대부분은 명성과 재물, 권력을 추구한다. 이런 세속적인 가치들은 우리를 현실 세계에 갇히게 하고, 다른 가치들은 볼 수 없게 만든다. 한번 가슴에 손을 얹고 물어보자. '내가 진정으로 좋아하는 것은 무엇일까?'

"어질지 못함을 싫어하는 사람도 어짊을 행함에 어질지 못함이 그 몸에 가해지지 못하게 한다"라는 구절은 진정으로 '어질지 못함을 싫어하는 것'이 무엇인지를 설명해 준다. 우리는 어질지 못한 일이 싫다고 말하지만, 현실은 다르다. 살짝 어질지 못한 일을 해서 이익을 얻을 수 있다면 마음이 흔들리게 되고, 결국 다른 사람도 하는 일이니 해도 된다고 생각한다. 하지만 진심으로 어짊을 추구하는 사람이라면 어질지 못한 어떠한 행동도 일어나지 않게 하며 단호하게 배척한다는 의미이다. 이것은 어질지 못한 사람을 보고 자신을 반성하는 수련 방법이다. 다른 사람이 옳지 않거나 어질지 않은 행동을 할 때 자신을 돌아보며 어질지 않은 상태에 빠지지 않도록 경계하는 것이다. 여기서 공자가 말한 두 가지 수련 방법인 진정으로 '어짊을 좋아하는 것'과 진정으로 '어질지 못함을 싫어하는 것'은 쉽게 이룰 수 있는 게 아니다.

"하루라도 어짊에 힘을 쓸 수 있는가"라는 구절은 온종일 진정으로 어짊을 추구하는 사람을 보지 못했다는 의미이다. 이 점은 불교의 정토종淨土宗의 관점과 약간 닮아있다. 정토종의 법문은 마음을 하나로 집중해 '나무아미타불'을 외우는 것이다. 보기에는 쉬워 보이지만 실제로 해 보면 마음을 하나로 집중하는 것이 굉장히 어려운 일이라는 걸 알게 된다. 종일 어짊을 어기지 않고 어진 상태에 있을 수 있을까? 이건 굉장히 어려운 일이지만 하루 정도는 시도해 볼 만한 가치가 있다.

"나는 힘이 부족한 사람을 보지 못했다. 아마도 있었겠지만, 나는 아직 보지 못했다"라는 구절을 위의 해석과 결합해 보면 우리는 이 구절의 의미를 더욱 잘 이해할 수 있다. 공자의 의미는 진정으로 어짊을 좋아하고 진정으로 어질지 못함을 싫어하기란 어렵지만, 하루 정도는 시도해 볼 수 있는 만큼 힘이 부족하다고 핑계

대지 말라는 것이다.

힘이 부족하다는 건 진심으로 좋아하지 않기 때문이다. 진심으로 좋아한다는 건 어떤 것일까? 우리가 쉽게 알 수 있는 건 첫사랑에 빠졌을 때다. 사랑에 빠지면 매일 전전긍긍하며 상대방을 그리워한다. 게임을 하는 아이들을 봐도 진심으로 좋아하는 것이 무엇인지 알 수 있다. 게임에 빠진 아이들은 밥을 먹지 않아도 배고픔을 모르고 온종일 게임을 더 잘하는 방법만 생각한다. 좋아한다는 건 이렇게 몸과 마음을 쏟는 것이다. 이 문장에서 공자는 우리에게 설사 하루라도 어짊에 몸과 마음을 쏟을 수 있다면 대단한 사람이라는 점을 알려 준다.

마음 채우기

한번쯤 자신에게 명예, 이익, 권력을 좋아하는지 아니면 어짊을 추구하는 걸 좋아하는지 물어보도록 하자. 잡념 없이 온 마음을 다해 어짊을 추구하는 건 굉장히 어려운 일이다. 그래도 우리 모두 진정으로 '어짊을 좋아하는' 상태에 이르렀으면 좋겠다. 이는 공자 역시 바라는 바였다.

"내 어깨에 내려앉은 짐과
내가 걸어온 길이
곧 나를 보여주는 창窓이다."

_관과, 사지인의觀過, 斯知仁矣

공자가 말하길 "사람의 과실은 그 당에 따른다. 그래서 과실을
보면 어짊을 알 수 있다."

子曰 "人之過也, 各於其黨. 觀過, 斯知仁矣."

자왈 "인지과야, 각어기당. 관과, 사지인의."

이번 문장 역시 이해가 쉽지 않다. "사람의 과실은 그 당에 따른
다. 그래서 과실을 보면 어짊을 알 수 있다"라는 구절은 저지른 잘
못이 무엇인지를 보면, 그 사람의 어짊이 어느 방면에서 부족한지
알 수 있고, 또 그 사람을 어떻게 가르쳐 중도에 이르게 할 수 있
는지를 알 수 있다는 의미이다. 이는 공자에게 제자를 판단하는
중요한 방법이자, 교육 방향을 파악하는 방법이다. 스승은 학생의

잘못을 통해서 학생이 부족한 부분을 파악하고 힘을 보태줄 수 있다. 그러므로 이것 역시 공자가 제자의 특성에 따라 맞춤 교육을 했다는 사실을 알려준다.

한 사람이 저지른 잘못을 관찰하면 그 사람의 대략적인 인격을 알 수 있다. 소시오패스와 사이코패스를 주제로 한 『이토록 친밀한 배신자The Sociopath Next Door』에서 하버드 의과대학 정신과 교수 마사 스타우트 박사는 '잘못을 저질렀으면서 그 사실을 인지하지 못하는 사람은 아주 위험하다'고 말한다. 이런 사람은 자신이 다른 사람을 해쳤다는 사실은 전혀 인식하지 못한 채 자신이 잘못을 저지른 건 상대방이 자신에게 잘못했거나 자신을 괴롭혔기 때문이라고 생각한다. 이런 유형의 사람은 다른 사람을 이해하지 못하는 만큼 되도록 인간관계를 멀리해야 한다.

종교는 사람이 저지르는 대부분의 잘못들을 일정한 형태로 분류한다. 데이빗 핀처 감독의 영화 〈세븐Se7en〉을 보면 기독교는 죄를 교만, 질투, 분노, 나태, 인색, 식탐, 음욕으로 분류한다. 반면 불교는 탐욕, 성냄, 어리석음으로 분류한다. 이런 분류는 세상에 있는 모든 잘못을 하나로 모아 정리한 뒤 가장 정제된 방식을 사용해 분류하고 표현한 것이다. 이를 통해서 우리는 사람이 주로 탐욕, 분노, 어리석음 때문에 잘못을 저지른다는 것을 알 수 있다.

리인(里仁)편: 어진 사람들에 의한, 어진 마음을 위한

유교의 경우 공자는 잘못을 분류하지 않았다. 개인적으로 나는 유교는 가장 간단하게 '과함과 미치지 못함'으로 분류했다고 생각한다. 흔히 이야기하는 '과유불급'이다. 공자는 사람들이 일반적으로 가지고 있는 단점과 문제들은 주로 과하거나 미치지 못해서 발생하는 것이라고 보았다.

예를 들어서 자로가 공자에게 "들은 걸 즉시 행동으로 옮겨야 하는지"를 물었을 때 공자는 "부모와 형제가 있는데, 어찌 들은 걸 곧바로 행동할 수 있겠느냐有父兄在, 如之何其聞斯行之"라고 말한다. 이 말은 '부모와 형제가 있는데 어떻게 들은 걸 곧장 행동에 옮길 수 있냐? 얼른 집으로 돌아가서 부모와 형제들에게 물어보아야 한다'라는 의미이다. 공자가 이렇게 대답한 이유는 질문한 사람이 성격이 급하고 경솔한 제자였던 자로였기 때문이다.

반면 또 다른 제자 염유에 대한 공자의 답변은 달랐다. 염유가 "들은 걸 즉시 행동으로 옮겨야 하는지"를 묻자 공자는 "들었으면서 어째 행동에 옮기지 않는 것이냐? 뭘 꾸물대는 것이냐?"라고 말한다. 이 대화를 옆에서 가만히 듣고 있던 한 제자가 공자에게 "같은 질문인데 어째서 다르게 대답하시는 겁니까?"라고 물었다. 그러자 공자는 다음과 같이 말했다.

나를 살리는 논어 한마디

"자로와 염유는 각각 특징이 다르다. 한 사람은 성격이 급해서 경솔하게 행동하다가 잘못을 저지르고, 다른 한 사람은 성격이 느긋해서 고민만 하고 행동하지 않아 잘못을 저지른다. 각기 특징이 다르기에 다르게 대답해 준 것이다."

여기서 성격이 급한 건 '과함'으로 볼 수 있고, 성격이 느긋한 건 '미치지 못함'으로 볼 수 있다. 공자는 세상에서 일어나는 잘못의 본질적인 원인은 과함과 미치지 못함에 있다고 보았다.

이처럼 '과유불급過猶不及'이라는 말은 우리가 살면서 저지르는 대부분의 잘못들을 설명할 수 있다. 예를 들어서 지나치게 절약해 인색하거나 너무 절약하지 않아 사치하는 건 모두 좋지 못한 태도이다. '과유불급'은 어느 정도의 소박한 삶을 살아가는 것이다. 공자는 『삼국지』의 장비張飛나 『수호전』의 이규李逵처럼 쉽게 화를 내고 급한 성격이거나, 성격이 너무 느려서 모든 일에 무심하고 냉담하거나, 열정이 강해 모든 일에 지나치게 나서려 하는 사람은 좋아하지 않았다.

마음 채우기

우리는 중도를 지킬 수 있어야 한다. 사회를 위한 일은 기꺼이 하고, 해서는 안 되는 일을 멈출 줄 알며, 할 수 없는 일은 하지 않아야 한다. 공자가 추구한 잘못을 저지르지 않는 경지는 사실 '중용'이었다. 앞에서 언급한 '어짊을 좋아하는' 경지와 같이 중용의 경지도 달성하기가 무척이나 어렵다.

"도를 추구하고 즐거움을 찾는 인생, 행복하지 아니한가."

_조문도, 석사가의 朝聞道, 夕死可矣

공자가 말하길 "아침에 도를 들으면 저녁에 죽어도 좋다!"

子曰 "朝聞道, 夕死可矣!"

자왈 "조문도, 석사가의!"

자주 인용되는 유명한 문장이다. 그리고 힘이 넘치는 문장이다. 공자는 아침에 세상의 진리에 대해 들으면 저녁에 죽어도 좋다고 말했다.

이 문장에서 말하고자 하는 바는 우리가 육체를 바라보는 관점이다. 우리가 집중하는 것은 육체가 아닌 정신이다. 우리가 추구하는 것은 육체를 아름답게 가꾸는 것이 아닌, 우주와 연결될 수 있는 초자아적 정신이다. 이 세상의 운행 법칙을 이해하는 것이야말로 진정한 목표라 할 수 있다.

공자는 '도를 추구할 수만 있다면 육체를 버릴 수도 있다'고 말한다. 이 문장은 아인슈타인의 생각을 떠올리게 한다. 아인슈타인은 말년에 우주의 법칙을 연구하면서 '아침에 도를 들으면 저녁에 죽어도 좋다'는 마음 자세로 학문에 파고들었다. 그는 자신이 죽기 전에 'E=mc²'와 같은 방정식을 사용해 우주의 운행 법칙을 설명하려 했다. 만약 할 수 있었다면 그는 정말 죽어도 좋을 정도로 무척이나 만족했을 것이다. 하지만 안타깝게도 우리는 진리에 끝없이 다가가기만 할 뿐, 궁극의 진리에 도달하지는 못하고 있다. 그래서 '도를 듣기'란 무척이나 어렵다고 말하는 것이다.

그렇다면 도를 추구한다는 건 어떤 의미가 있을까? 공자가 군자에 대해 말했다.

"군자는 도를 도모하지, 먹을 것을 도모하지 않는다."
"군자는 도를 걱정하지, 가난은 걱정하지 않는다."

만일 돈이 넉넉하지 못해 경제 사정이 좋지 않다면 마음속으로 "군자는 도를 걱정하지, 가난은 걱정하지 않는다"라는 말을 떠올려 보자. 우리는 자신의 가난을 걱정하지 말고 도에 맞는 삶을 살고 있는지를 걱정해야 한다. "군자는 도를 도모하지, 먹을 것을 도모하지 않는다"라는 말처럼 우리는 매일 더 많은 돈을 벌기 위해서 자신을 다그칠 필요가 없다. 매일 어떻게 도를 추구할지를 생각하고 올바른 일을 할 수 있도록 노력해야 한다.

이제부터는 도란 무엇인지 생각해 보자. 국가, 도시, 기업, 가정, 심지어 우리가 각자 가지고 있는 작은 능력까지 모든 만물의 성장과 능력의 발전은 도를 떠나서는 이뤄질 수 없다. 당나라 문인 한유韓愈가 쓴『사설師說』에서는 "도를 들음에 선후가 있고, 학술에는 전공이 있다聞道有先後, 術業有專攻"라고 말했다. 한유의 말에 따르면 우리는 항상 도를 듣고 있는 셈이다. 도에는 '큰 도大道'와 '작은 도小道'가 있다. 아무리 유능한 사람이라도 모든 도를 알 수는 없다. 어떤 분야에서 작은 도를 파악하고, 또 다른 분야에서 큰 도를 파악하면서 자신의 범주를 계속 확장해 나갈 뿐이다.

그렇다면 작은 도란 무엇일까? 자전거를 수리하는 작은 일에도 규칙과 도가 있다. 어린 시절 자전거 수리법을 배웠을 때 처음에는 서툴러서 힘들었다. 하지만 익숙해지자 간단한 이치라는 걸 알게 되었고, 모든 부품을 해체하고 조립할 수 있게 되었다. 회사 경영에도 '도'가 있다. 만약 자전거 수리처럼 요령을 터득하게 된다면 회사 운영도 더욱 쉬워질 수 있다.

큰 도는 얼마나 큰 도를 말하는 걸까? 순자는 다음과 같이 말했다.

"하늘의 운행에는 변치 않는 법칙이 있다天行有常."

만일 우주의 운행에 도가 없다면 어떻게 될까? 모든 게 혼란스러워져서 하루도 편할 날이 없지 않을까? 그러니 도를 찾는다는 건 우주가 자연스럽고 조화롭게 운행하는 법칙을 찾는 것이라 할 수 있다.

이제 도가 무엇인지 알았으니 공자의 "아침에 도를 들으면 저녁에 죽어도 좋다"라는 말을 해석해 보자. 이 문장을 물질만능주의와 연관해서 생각해 볼 수 있다. 예를 들어 사람들은 인생의 근심을 해결할 유일한 방법은 돈이라고 생각하는 사람들이 많다. 복권에 당첨되거나 집값이 올라서 큰돈을 거머쥐어야 행복해질 수 있다는 것이다. 하지만 실제로 이런 행복은 채 일주일도 지속되지 못한다. 자신보다 더 부자인 사람은 계속 있게 마련이다. 그리고 아무리 많은 돈이라도 언젠가는 없어져 버릴 것이라는 사실을 깨닫는 순간 행복감은 사라진다.

이처럼 우리는 행복의 기준을 외부 물질에 두는 경향이 강하다. 그래서 물질적 조건을 개선하면 자신의 삶이 완전히 달라질 수 있다고 생각한다. 하지만 이것은 헛된 망상에 불과하다. 진심으로 행복해지고 싶다면 '아침에 도를 들으면 저녁에 죽어도 좋다'라는 태도를 길러야 한다.

물론, 이런 태도를 당장 기를 수 없는 만큼 그런 척 행동해 보는 것만으로도 좋다. 자신감이 부족한 사람이 자신 있는 척 행동하면서 서서히 자신의 마음과 태도를 바꿀 수 있는 것처럼 말이다. 설사 영원히 이 태도를 자신의 것으로 만들지 못한다고 하더라도 수련의 방향으로 삼는다면 자연스럽게 도에 걸맞은 쪽으로 행동은 변하게 될 것이다.

마음 채우기

도를 추구하는 과정에서 수도 없이 많은 시험에 부딪칠 것이다. 하지만 최소한 방향이 옳다면 결과는 상관이 없다. 공자처럼 마음속에서 도를 추구하고 어떤 일을 하든 그 속에서 즐거움을 찾는다면, 평생 뜻을 이루지 못해도 자기 삶에 만족할 수 있을 것이다. 아마도 우리가 공자의 경지에 오르려면 아주 길고 험난한 수련의 과정을 거쳐야 할 것이다. 하지만 상관없다. "아침에 도를 들으면 저녁에 죽어도 좋다"라는 뜻을 알고 도를 추구하는 사람인 척 행동한다면 최소한 마음속에 진리에 대한 경외심을 품게 될 테니 갈수록 경지에 가까워질 것이다.

"거친 밥과 험한 옷을 감추려 하는 자와 도를 논하지 마라."

_사지어도이치악의악식士志於道而恥惡衣惡食

공자가 말하길 "선비로서 도에 뜻을 두면서 나쁜 옷, 나쁜 음식을 부끄러워하는 사람과는 더불어 도를 의논할 수 없다."

子曰 "士志於道而恥惡衣惡食者, 未足與議也."

자왈 "사지어도이치악의악식자, 미족여의야."

공자가 살았던 춘추시대에는 도를 추구하는 사람들이 많았다. 정신적인 가치를 탐구하는 이런 부류의 사람들이 도를 논하기 위해 공자를 찾았을 것이다. 하지만 단지 공자의 유명세를 시험해보기 위해 도를 추구하는 척 행동하는 사람들도 있었을 것이라고 생각한다. 그래서 공자는 자신을 찾는 사람들의 진심을 파악할 필요가 있었다.

이번 이야기는 사람들의 진심을 파악하는 방법 중 하나를 다루고 있다. 가장 쉽게 사람들의 내면을 알아볼 수 있는 시험 무대는 일상생활인 '의식주'와 관련된 곳에 있다. 공자는 겉으로는 도에 뜻을 두었다고 말하면서 '나쁜 옷과 나쁜 음식'을 부끄러워하는 사람과는 이야기하거나 토론할 가치가 없다고 보았다. 공자가 말한 '나쁜 옷과 나쁜 음식'은 저렴한 음식과 허름한 옷이다. 정신적인 가치인 '도'에 뜻을 둔 사람이라면 나쁜 옷이나 음식을 부끄러워할 까닭이 없다. 그렇다고 해서 도를 추구한다고 굳이 허름한 옷을 입고 나쁜 음식을 먹으면서 도에 대한 자신의 결심을 드러낼 필요는 없다. 부유하면 부유한 데로 생활하면서 정신적인 가치를 추구하면 그만이다. 도를 추구하는 사람에 대한 스테레오타입을 흉내 내려 하는 모습은 오히려 공자의 뜻을 왜곡하는 것이다.

옷과 음식에 대해 계속 생각해 보자. 나쁜 옷, 나쁜 음식을 부끄럽게 여기지 않는다는 것은 이에 대한 태도를 논하는 것으로 볼 수 있다. 예를 들어 공식적인 연회가 열릴 때의 복장을 생각해 보자. 사람들은 대개 연회 분위기에 맞추어 옷을 입는다. 그런데 어떤 부득이한 사정으로 복장을 제대로 갖추지 못한 사람이 연회에 참석했다고 생각해 보자. 사람들의 반응은 주로 두 가지로 나뉠 것이다. 복장을 갖추지 못한 사람을 무시하고 손가락질하며 심지

리인(里仁)편: 어진 사람들에 의한, 어진 마음을 위한

어 내쫓고 싶어 하는 사람이 있을 것이다. 이렇게 참석자의 복장을 문제 삼아 무시하고 외면하는 것은 그의 허름한 옷을 부끄러워하기 때문이다. 반면 상대방의 피치 못할 사정을 헤아리며 공감하는 사람들도 있다. 그리고 오히려 그 사람을 더 잘해주려고 신경을 쓸 수도 있다. 이런 사람들은 연회가 아닌 다른 상황에서도 상대방의 처지를 잘 공감해 주는 성향을 갖고 있다.

그렇다면 나쁜 옷, 나쁜 음식을 부끄러워하는 사람들은 무엇 때문에 그렇게 생각하는 것일까? 그것은 내면의 나약함이 표현된 것이라고 볼 수 있다. 겉치레를 중시하는 사람들은 내면의 빈약함을 숨기려 한다. 앞에서 다룬 "어짊을 좋아하는 사람은 이보다 더 할 수 없다"라는 구절도 이와 비슷한 이야기이다. 누군가가 겉으로는 어짊을 좋아하는 척하면서 실제로는 물질적인 것을 좋아한다고 생각해 보자. 그런 사람들은 자신의 직함에 신경을 쓰고, 다른 사람이 자신을 어떻게 평가하는지에 집중한다. 타인의 눈에 예의 없고 보잘것없는 사람으로 보일까 봐 걱정하는 사람은 어짊이 아니라 외부의 인정을 받기 위해 온 힘을 쏟을 것이다.

그렇다면 의복과 음식에 대한 가치관은 어떻게 정립해야 할까? 일단 주어진 현실에 만족할 줄 아는 마음가짐이 있어야 한다. 부유하다면 좋은 옷을 입고 좋은 음식을 먹으며 편안하게 생활할 수 있겠지만, 경제력이 좋지 못하다고 해서 힘들어하지 말고 그렇게 지낼 수밖에 없는 자신의 모습을 초라하게 생각해 외면해서도 안 된다. 경제력이 좋은 사람은 생활이 힘든 사람을 자신과 동등하게 대할 수 있어야 한다. 우리의 삶에서 가장 중요한 건 물질적인 것이 아니다. 그러니 부끄러워할 필요가 없다.

부끄러워한다는 것은 그 대상에 신경을 쓴다는 의미이다. 무언가에 신경을 쓰게 되면 자연스럽게 그것에 힘을 쏟게 되고 그 결과, 그 대상은 갈수록 더욱 중요한 존재로 자리매김하게 된다. 공자는 '구하지 않고 힘들이지 않는' 사람이었다. 그래서 물질적인 것에 힘을 쏟는 사람과는 함께 도를 의논할 수 없다고 말한 것이다.

마음 채우기

진정으로 어짊을 좋아하는 것은 어짊의 본질을 좋아하는 것이다. 어진 듯하게 보이는 외면을 좇는 것이 아니다. 학자처럼 행세한다고 해서 갑자기 어짊이 생기지 않는다.

외부 조건에 안달할 필요는 없다. 사람은 누구나 안 좋을 때가 있기 마련이다. 그러니 형편이 안 좋을 때는 저렴한 음식을 먹고 값이 싼 옷을 입는 것을 평온하게 받아들일 수 있어야 한다.

"옳고 그름을 판단할 때
그 기준은 '의로움'이 되어야 한다."

_의지여비 義之與比

공자가 말하길 "군자는 천하에 관해서 고집하는 것도 없고, 하지 말라 하는 것도 없으니, 의로움을 따를 뿐이다."

子曰 "君子之於天下也, 無適也, 無莫也, 義之與比."

자왈 "군자지어천하야, 무적야, 무막야, 의지여비."

대략적인 문장의 의미를 시대적 상황에 맞게 설명하면 다음과 같다.

'군자는 천하에서 일어나는 전쟁이나 국가의 정책들을 평가할 때 절대적으로 옳거나 절대적으로 틀린 건 없으니 그 일이 의로움에 부합하는지에 따라 결정한다.'

『불가능한 협상은 없다 Negotiating the Non-negotiable』의 저자 다니엘

샤피로 하버드대학 국제협상 프로그램 소장은 어떤 사건이 발생하면 사람들이 순식간에 자신의 진영을 구분하는 '부족 효과'에 대해 설명한다. 우리는 사람과 사람 사이에 발생하는 많은 갈등을 겪으면서 자신이 '부족'이라고 표현된 어느 그룹이나 단체에 소속되어 있는지 판단을 내리게 된다. 작가는 부족에 소속된 개인은 부족의 입장을 필사적으로 지키며, 설사 그 입장이 불합리할지라도 물러서지 않는다고 말한다. 일단 한 부족의 성원이 된 개인은 그 부족의 고정된 입장과 원칙에 따라서 옳고 그름을 판단하려 한다는 것이다.

공자의 말은 바로 이 '부족 효과'의 폐단을 지적한다. 공자는 절대적으로 옳거나 틀린 것은 없는 만큼, 옳고 그름을 판단하려면 그 일이 의로움에 부합하는지를 봐야 한다고 말한다. 의로움에 부합하면 옳고, 그렇지 않으면 틀렸다는 것이다. 다시 말해, 공자의 옳고 그름을 판단하는 기준은 '의로움'이다. 즉, 근본적인 원칙에서 옳고 그름을 판단할 뿐, 어느 이익 집단의 필요를 고려하지 않는다. 예를 들어서 당시 노나라의 권력을 쥐고 있던 '삼환'이나 노나라 군왕이나 백성들 중에서 어느 한쪽의 편에 선다면 부족 효과가 일어나 옳고 그름에 대한 부족의 판단 기준이 생길 것이다. 하지만 옳고 그름을 판단하는 기준을 의로움에 둔다면 모든 일을 새롭게 토론하고 평가할 수 있게 된다. 그래서 공자는 반드시 해야 하는 일도 없고, 반드시 하지 말아야 할 일도 없다고 했다. 그리고 공자는 이런 원칙에 따라 전쟁, 군왕의 교체, 국가의 정책과 같은, 천하에서 벌어지고 있는 일들을 판단하며 바라보았다.

공자의 이 문장은 맹자에게도 많은 영향을 주었다. 주나라 무왕이 은나라 주왕을 정벌하는 것에 관한 이야기이다. 무왕은 부왕인 문왕의 장례도 치르지 않고 정벌에 나선 터였다.

누군가가 맹자에게 물었다. "주나라 무왕이 은나라 주왕을 시해했으니 반란이 아닙니까?"

맹자가 대답했다. "저는 주란 사람을 죽였다는 말만 들었습니다."

공자의 어진 제자로 평가받는 백이와 숙제는 신하로서 폭거를 일으킨 무왕을 폭도라고 평가했다. 하지만 맹자는 달랐다. 맹자는 포악무도한 통치자였던 주왕을 죽인 것은 반란이 아니라고 생각했다. 맹자의 판단은 유교에서 주장하는 기준을 벗어난 부분이 있다. 그러함에도 불구하고 맹자가 이렇게 말한 이유는 뭘까? 그것은 군자도 천하 속에서 살아가고 있다는 평범한 사실 때문이다. 천하에는 천태만상 다양한 일이 일어난다. 그러니 '아랫사람이 윗사람을 거역하는 일'이 일어나도 무조건 틀렸다고 하지 말고 의로움을 기준으로 판단해야 하는 것이다.

그렇다면 의로움이란 무엇일까? 의로움에 대한 정의는 시대적인 상황과 문화에 따라서 다르다. 예를 들어서 서양의 공리주의자들은 '최대 다수의 이익과 행복에 부합한 것이 의로움'이라고 보았다. 전체의 이익이 손해보다 크다면 의롭다는 것인데, 이는 공자의 가치관과는 거리가 있다. 공자는 대다수에게 이익이 되는 일이라도 윤리와 도덕을 상실하면 의로움이 아니라고 생각했다. 법가의 경우에는 규범과 법률의 준수 여부에 따라 의로움을 판단했다. 종교는 각각의 교리에 따른 저마다의 의로움을 말한다.

그렇다면 의로움에 관한 판단은 어떻게 해야 할까? 쉽지 않은 일이다. 공자의 말은 때로는 매우 모호하다. 이 문장에서도 공자는 의로움에 대한 명확한 기준을 제시하지 않았다. 이 때문에 공자를 존경하는 사람들이 공자처럼 애매모호하게 말을 할 때가 있다. 예를 들어 이런 말들이다. "머리 위에서 신이 지켜보고 있다.", "양심에 걸고 말을 해라." 이런 말들은 구체적인 원칙이 없다. 한 가지 공통점이 있다면 자신의 가슴에 손을 얹고 마음이 가는 길에 따라 일을 하라고 말할 뿐이다.

마음 채우기

유가사상의 한 갈래인 양명학陽明學을 창시한 왕양명은 사람의 마음에는 '양지良知'가 있다고 보았다. 양지는 사물에 대해 옳고 그름을 알게 하는, 인간이 태어날 때부터 지닌 인간 본성의 마음이다. 예를 들어 도둑이 비난받을 때 분노하는 이유는 도둑의 마음속에도 양지가 있기 때문이라는 것이다. 양지와 비슷하게 의로움 역시 명확하게 파악하기가 어렵다. 공자의 문장을 읽고 나면 우리는 그가 융통성을 가진 사람이었다는 사실을 알 수 있다. 공자는 경직된 사고방식을 가진 독단적인 사람이 아니라 상황에 따라 판단할 줄 아는 사람이었다.

"군자는 덕을 마음에 담아 새기고, 소인은 땅을 마음에 새긴다."

_군자회덕君子懷德

공자가 말하길 "군자는 덕을 마음에 두고, 소인은 땅을 마음에 둔다. 군자는 형벌을 마음에 두고, 소인은 혜택을 마음에 둔다."

子曰 "君子懷德, 小人懷土; 君子懷刑, 小人懷惠."

자왈 "군자회덕, 소인회토; 군자회형, 소인회혜."

『논어』에는 상반되는 두 어구 또는 사상을 내세워 주제를 강조하는 수사법인 대조법이 많이 사용된다. 특히 이번 문장처럼 군자와 소인을 비교해 설명하는 대조법이 많다.

문장에서 '마음에 둔다'로 해석한 한자 '회懷'는 마음속에 품고 중시한다는 의미이다. 그래서 "군자는 덕을 마음에 두고 소인은 땅을 마음에 둔다"라는 문장은 '군자는 항상 마음속에서 덕을 생각하며 덕행에 관심을 가지고 중시하는 반면, 소인은 마음속에서 땅을 생각한다'로 풀이할 수 있다.

공자가 살았던 춘추시대에는 국가의 영토가 계속 바뀌는 바람에 백성들이 이곳저곳을 떠돌아 인구 유동이 심했다. 그래서 공자는 "덕을 마음에 둔다"와 "땅을 마음에 둔다"라는 표현을 생각하게 되었을 것이다.

1980년대 중국 광둥성의 선전深圳에서 개혁개방이 시작되었을 때 두 가지 현상이 동시에 벌어졌다. 경제 신흥 도시의 가능성을 보며 선전에 가고 싶어 하는 사람도 있고, 가난해도 고향이 편하다는 이유로 살던 동네에 머물고 싶어 하는 사람도 있었다. 여기서 전자는 덕을 마음에 두었다고 할 수 있고, 후자는 땅을 마음에 두었다고 할 수 있다. 덕을 마음에 품은 사람은 마음속에 덕행이 있어 덕이 있는 곳이면 어디든 자기 고향으로 삼을 수 있다. 예를 들어서 선전에서 열심히 노력해 기반을 닦아 새로운 고향으로 삼으려는 사람이 덕을 마음에 둔 사람들이다. 여러 나라를 돌아다니면서 현지의 덕행을 갖춘 사람을 사귀던 공자는 어디서든 자신의 이상을 실현할 장소를 찾을 수 있었다. 즉, 공자는 땅에 연연할 필요가 없었다.

땅을 마음에 두는 사람은 원대한 이상이 없는 소인이다. 그들은 하루하루 평온하게 보내며 작은 행복만으로도 만족한다. 소인들은 자기가 살던 동네가 신도시로 개발되는 것도 좋아하지 않는다. 그렇다고 군자가 옳고 소인들이 틀렸다고 생각해서는 안 된다. 여기서 군자와 소인은 각기 다른 생각과 경지에 이른 사람들을 표현한 것일 뿐이다. 원대한 꿈이든 소박한 꿈이든 모든 사람의 꿈은 존중받아야 한다. 덕을 마음에 둔 사람은 새롭게 삶을 개척하려 하고, 땅을 마음에 둔 사람은 고향을 지키려 할 뿐이다. 둘 중에 어떤 삶이 옳거나 틀렸다고 단정할 수 없다. 개척하려는 것과 머무르려는 것은 인생의 두 가지 다른 선택일 뿐이다. 중요한 것은 사람은 어디에 있든 항상 마음속에 '덕'을 품고 있어야 한다는 것이다. 땅을 마음에 둔 사람도 한편으로는 덕을 품고 있을 수 있다. 따라서 단순하게 겉모습만으로 상대방이 덕을 마음에 두었는지 땅을 마음에 두었는지 판단하거나, 군자인지 소인인지를 판단하려 해서는 안 된다. 우리가 주목해야 할 것은 '변화'에 대한 태도이다.

역사의 사례를 통해 "군자는 덕을 마음에 두고 소인은 땅을 마음에 둔다"라는 문장의 의미를 살펴보자. 항우는 소인에 해당하고, 소동파는 군자에 관한 이야기이다.

항우項羽가 함양咸陽에서 진나라 황궁을 불태워버렸을 때 한 참모가 함양에서 왕위에 오를 것을 권유했다. 하지만 항우는 강동江東으로 돌아가고 싶다고 말했다. 이에 모든 신하가 한결같이 "강동은 중원과 거리가 멀어 천하를 다스리기에 적합하지 않습니다"라고 말했다. 그러자 항우는 "부귀를 이루고 고향으로 돌아가지 않는 것은 비단옷을 입고 밤길을 걷는 것과 같으니 누가 알아주겠는가!"라고 말했다. 마침내 큰 대업을 이룬 항우는 고향에 돌아가지 않는 것은 비단옷을 입고 어두운 밤길을 걷는 것과 같이 아무도 알아주지 않을 일이라고 생각했다. 항우였지만 앞날에 유리한 장소가 어디이고, 천하의 안정에 도움이 되는 곳이 어디인지를 고려하지 않은 채 고향에서 명성을 떨치고만 싶어 했다. 이런 항우의 결정을 "소인은 땅을 마음에 둔다"라고 볼 수 있다. 항우의 이런 결정 때문에 천하는 결국 유방劉邦의 손에 넘어가게 된다.

소동파는 항우와는 달리 덕을 마음에 둔 사람이다. 여러 차례 좌천을 당했던 소동파는 가는 곳마다 그곳을 고향으로 삼았다. 그래서 후이저우惠州에도 소동파의 고향이 있고, 하이난海南에도 소동파의 고향이 있으며, 항저우黃酒에도 소동파의 고향이 있다. 이렇게 소동파는 좌천되어 있던 곳을 떠나 새로 정착한 지역을 자기 고향으로 삼았고, 그 지역의 사람들도 소동파를 자기 지역 사람으로 삼았다. 소동파는 땅이 아닌 덕을 마음에 두었기에 타지에서도 성심성의껏 소통할 수 있었다.

이어지는 "군자는 형벌을 마음에 두고 소인은 혜택을 마음에 둔다"라는 문장은 '군자는 유혹을 만났을 때 법에 저촉되는지를 먼저 생각하고, 소인은 이익을 먼저 생각한다'라는 의미이다. 예를 들어서 불법 자금 모집으로 연간 수익 40%를 받을 수 있다는 제안이 들어온다고 가정해 보자. 군자는 수익이 높아도 그것이 불법이기 때문에 거절할 것이다. 반면 혜택을 마음에 두는 소인은 연간 수익 40%에 이끌려 제안에 참여하게 된다.

다시 한번 강조하지만, 군자와 소인은 좋은 사람과 나쁜 사람을 말하는 것이 아니다. 따라서 소인이 하는 일들을 모두 틀렸다고 생각해서는 안 된다. 군자와 소인은 완전히 다른 두 종류의 사람이 아니며, 단순히 누구는 군자이고 누구는 소인이라고 구분하는 건 옳지 않다.

사람은 누구나 군자와 소인의 면모를 동시에 갖고 있다. 우리는 때로는 고향을 그리워하며 살기 좋은 곳에서 정착해 경쟁 없이 살고 싶어 하고, 때로는 도시로 가서 경쟁하며 자신만의 사업을 개척하고 싶어 한다. 우리는 때로는 창업해서 인생의 꿈을 실현해야 한다고 생각하다가도 때로는 안정적인 직장에 머무는 게 좋다고 생각한다. 이처럼 우리 내면에는 소인과 군자가 끊임없이 싸우고 있다.

우리 인생의 수련 목표는 군자의 부분을 키우고 소인의 부분을 줄이는 것이다. 군자의 궁극적인 경지는 "아침에 도를 들으면 저녁에 죽어도 좋다"는 상태일 것이다. 이 세상을 떠날 때는 어떤 귀한 것도 가져갈 수가 없다. 유일하게 남는 것은 오로지 자신의 영혼뿐이다.

"이익을 좇으면
원망도 서둘러 따라온다."

_방어리이행 放於利而行

공자가 말하길 "이익에 따라 행동하면 원망이 많아진다."

子曰 "放於利而行, 多怨."

자왈 "방어리이행, 다원."

문장에 쓰인 첫 번째 한자 '방放'은 어떤 것을 '따른다'라는 의미로 풀이한다. 이 문장에서는 '방'을 '지나치게 집착한다'라는 뜻으로 해석해 보자.

"이익에 따라 행동한다"라는 것은 모든 일에 이익을 최우선으로 두고 따른다는 의미이다. 사람들은 대부분 이렇게 행동한다. 이익에 따라 사람을 사귀고, 이익이 없다고 생각되는 사람에게는 다가가지 않는다. 일부 회사 역시 이런 방식으로 경영을 한다. 직원들이 하는 모든 일에 점수를 매겨서 평가하는 경영 모델은 그 직원이 회사의 이익에 부합하는 정도를 측정하는 것이다. 이런 경영 방식은 좋은 점수를 받기 위한 직원들의 동기를 부추겨 회사 전체의 이익을 도모하기 위한 시스템이다.

하지만 공자는 이처럼 이익만을 좇는 방식은 결국 "원망이 많아지게 된다"라고 보았다. 이익을 기준으로 모든 일을 평가하면, 회사의 직원들은 결국 불만을 토로하게 된다. 창업자들은 직원의 적극성을 자극하는 시스템을 개발하기 위해 큰 노력을 기울인다. 하지만 나는 직원들의 적극성을 유발하기 위한 시스템이 정교해질수록 직원들의 사기는 오히려 떨어지는 경우를 많이 보았다.

옛말에 "배고픈 것은 참아도 배 아픈 것은 참지 못한다."라는 말이 있다. 같은 조직에서 일하는 직원들은 동료의 점수를 자신과 비교하기 마련이다. 기대 이하의 점수를 받게 되면 '다른 사람은 1점을 받았는데, 왜 나는 0.5점만 받은 거지?'라는 생각을 하며 불만이 생기게 마련이다. 이처럼 서로의 점수를 비교하게 되면 좋지 못한 성적을 얻은 직원들의 사기는 떨어져 회사 전체의 통합력은 감소하게 된다. 결국 좋은 성적을 얻은 직원들도 불협화음을 내는 회사에서 좋은 성과를 내기 어렵게 된다.

『돈으로 살 수 없는 것들What money can't buy』의 저자 하버드대학

마이클 샌델Michael Sandel 교수는 돈의 가치와 역할을 다시 바라볼 수 있는 이야기를 들려준다. 자본주의 사회에서 다른 사람을 움직이게 하는 가장 효과적인 방법이 돈이라고 사람들은 생각한다. 쉽게 말해 "돈으로 살 수 없는 것들은 없다"라는 착각 속에서 현대인들은 살고 있다. 하지만 도덕과 정의 등의 가치는 결코 '돈으로 살 수 없는 것들'이다. 마이클 샌델 교수는 돈이 효력을 잃게 되면 제 역할을 하지 못할 뿐만 아니라 오히려 역효과를 일으킬 수 있다고 말한다.

이익에 따라 행동하면 원망이 많아지는 만큼 돈의 가치를 지나치게 믿어서는 안 된다. 하지만 그렇다고 공자가 물질적 자극을 부정했던 것은 아니다. 공자도 적당한 수준의 물질적 자극은 필요하다고 보았다.

예를 들어 자공이 노나라에 노비를 사서 데리고 돌아온 적이 있었다. 당시 정책에 따르면 정부는 노비를 자국으로 데려온 백성에게 일정한 상금을 줬지만, 자공은 이를 거절했다. 공자는 이 일을 듣고 자공을 꾸짖으며 다음과 같이 말했다.

"지금 노나라에 가난한 사람이 많은데, 만약 네가 돈을 원치 않는 모습을 보이면 다른 사람이 돈을 버는 걸 부끄럽게 여기지 않겠느냐? 그리고 네가 상금을 거절하면 노비를 사려 했던 사람들이 동력을 잃어버릴 것이다. 사람들이 모두 너와 같은 경지에 도달한 것이 아니지 않느냐?"

이처럼 공자는 적절한 물질적 보상은 문제 삼지 않았다. 다만 물질에 대한 집착은 우려를 표했다. 이런 이유에서 공자는 이익에 지나치게 집착해서 행동하면 원망이 생긴다고 말한 것이다.

마음 채우기

회사의 원만한 경영을 위해서는 적절한 직원 장려 시스템이 필요하다. OKR^Objective and Key Results(목표 및 핵심 결과지표)나 KPI^Key Performance Indicator(핵심성과지표)는 직원들을 적절하게 관리하는 시스템이다.

하지만 이러한 과학적인 시스템을 사용하지 않고 직원들의 행동 하나하나를 점수화하고, 매시간 일어나는 일을 모두 계산하게 되면 회사 경영에 독이 된다. 모든 직원에게 자율성을 주고 자존감을 향상할 수 있도록 도와주고 쾌적한 근무 환경을 만들어야 직원들의 업무에 대한 사명감도 높아질 수 있다. 거꾸로 직원들이 자신들을 스스로 돈을 버는 기계로 생각하게 된다면, 공자의 말처럼 "이익에 따라 행동해 원망이 많아지는" 상황에 부딪히게 되는 것이다.

"한 걸음 앞설 때와 한 걸음 물러날 때를 아는 자의 여유를 배워라."

_능이례양위국호 能以禮讓爲國乎

공자가 말하길 "예와 양보로 나라를 다스릴 수 있다면 무슨 어려움이 있겠느냐? 예와 양보로 나라를 다스릴 수 없다면 어찌 예를 하겠느냐?"

子曰 "能以禮讓爲國乎, 何有? 不能以禮讓爲國, 如禮何?"

자왈 "능이례양위국호, 하유? 불능이례양위국, 여례하?"

공자는 "예와 양보로 나라를 다스려야 한다"라고 말하며 예의 핵심은 양보라고 보았다. 어째서 예의 핵심을 양보라고 말한 것일까?

우리는 먼저 예의 역할이 무엇인지를 이해해야 한다. 예는 원시

사회와 문명사회를 구분해 주는 하나의 지표이다. 생존이 목적이었던 원시 시대의 인류는 매일 야생동물과 싸우며 사냥해야 했다. 원시인들은 동물처럼 싸우지 않으면 굶어 죽을 수밖에 없는 약육강식의 법칙에 따라 살 수밖에 없었다. 이후 문명사회에 진입한 인류가 생존을 위해 싸우지 않아도 안정되고 풍족한 생활을 영위할 수 있게 되자 비로소 '예'가 생겨났다. 이때 생겨난 예는 양보로써 표현되었다. 예를 들면 신사들이 '레이디 퍼스트Lady first'를 말하거나, 연장자에게 음식을 먼저 드리는 식사 예절 등은 모두 양보에 해당한다.

"예와 양보로 나라를 다스릴 수 있다면 무슨 어려움이 있겠느냐"라는 말을 보자. 일부 사람들은 여기서 '양보'를 잘못 해석해 '예와 양보로 나라를 다스린다'라는 것이 제나라와 싸우지 않고 영토를 양보하라는 말이라고 주장하기도 한다. 하지만 노나라와 제나라 사이에 갈등이 생겼을 때 공자는 항상 노나라의 이익을 보호하려 노력했다. 공자가 말하는 '양보'는 원칙 없는 타협이나 조건 없는 물러섬이 아니다.

공자가 말하는 '양보'는 국가 내부의 상태를 말하는 것이다. 맹자는 "윗사람과 아랫사람이 서로 이익을 취하려 한다면 나라가 위태로워진다上下交征利而國危矣"라고 말했다. 여기서 "윗사람과 아랫사람이 서로 이익을 취하려 한다"라는 것은 뭘 말하는 걸까? 군왕이 자신의 비밀 금고에 돈이 가득하지 않다는 이유로 제후들에게 세금을 징수하면, 제후들도 돈이 부족해 대신들의 돈을 빼앗을 방법을 생각하고, 대신들은 소작인들의 돈을 착취할 방법을 생각하게 된다. 이렇게 모든 사람이 돈에 지나치게 집착한다면 비록 국고에 돈이 가득해 겉으로는 안정적인 것처럼 보일지라도 실제로는 불안한 상황에 직면하게 된다.

송나라의 정치가이자 문인이었던 왕안석의 변법이 간접적으로 북송의 멸망을 초래했다고 보는 사람들이 있다. 그 이유는 국가의 재정만 중요하게 생각하는 왕안석이 변법을 통해 세금 징수 방법만 고려했기 때문이라는 것이다. 국가가 걷는 세금은 백성의 호주머니에서 나온다. 이에 국고에 돈이 쌓일수록 백성은 더욱 가난해졌고, 나중에 전쟁까지 일어나 국고가 텅 비게 되자 국가 전체가 쇠약해질 수밖에 없었다.

공자는 예와 양보로 나라를 다스릴 수 있다면 군왕과 제후, 대신과 가신, 백성들까지 모든 사람이 예와 양보의 태도를 보이게 될 것으로 생각했다. 서로 양보하며 세금도 조금 걷을 것이니 국가를 다스리기도 훨씬 쉬워지리라 생각한 것이다. 강제로 세금을 걷을 필요 없이 사람들이 자발적으로 세금을 내고, 국가에 이익이 되는 일을 알아서 한다면 나라는 저절로 순조롭게 돌아간다. 예를 들어서 아시아 금융위기 당시 한국의 국민이 자발적으로 손목시계, 반지 등을 기부하며 금 모으기 운동에 동참해 국가가 어려운 상황에서 벗어나도록 했던 것처럼 말이다.

프랑스 역사에도 이와 비슷한 사례를 찾아볼 수 있다. 파리의 시민들이 조명에 대한 세금을 자발적으로 걷어 달라고 요구한 일이다. 파리를 화려한 도시로 만들고 싶었던 루이 14세는 도시의 야간 치안 상황을 위한 방법의 하나로 집마다 양초를 밝히는 방법을 생각해냈다. 양초값이 만만치 않았음에도 파리의 시민들은 이 조치를 지지했다.

1667년의 어느 밤, 대략 3천 개의 등불이 파리의 어둠을 몰아냈고, 파리는 '빛의 도시'라는 타이틀을 얻으며 세계에서 가장 유명한 도시가 되었다. 그리고 파리의 시민들은 밤에도 안전하게 돌아다니면서 사교활동을 누릴 수 있게 되었다. 1671년 5월 파리의 시민들이 16개의 행정 지역에서 회의를 열었다. 그리고 투표로 선출된 대표가 시민들의 돈으로 조명 시간을 연장하자는 합의를 끌어냈다. 이것이 바로 예와 양보이다. 모두가 한발씩 물러나 자신의 이익을 일부 양보해 모두의 삶을 더욱 좋게 만든 사례이다.

다음 문장인 "예와 양보로 나라를 다스릴 수 없다면 어찌 예를 하겠느냐?"는 '예의를 지키고 양보하는 태도를 주장하지 않는다면 예가 무슨 의미가 있겠냐?'라는 뜻이다. 즉, 예는 단지 연기에 지나지 않게 된다는 것이다.

인터넷에 올라온 재밌는 사진 한 장이 떠오른다. 엄마와 아이가 고속철도에 탄 사진이었는데, 두 사람이 앉은 탁자에는 '예의'라는 글자가 대문짝만하게 적힌 책 한 권이 놓여 있었다. 그런데 바로 그 책 옆에는 탁자에 올린 엄마와 아이의 다리가 보였다. 탁자 위에 발을 올린 엄마와 아이의 태도가 예의가 없다는 풍자로 느껴지는 사진이었다.

우리가 예의를 배우는 이유는 뭘까? 회사 생활을 잘하기 위해서? 인정받기 위해서? 좋은 인간관계를 맺기 위해서? 모두 아니다. 말쑥한 정장을 입고 우아하게 왈츠를 춘다고 해서 예의가 있는 것은 아니다. 예의의 핵심인 양보를 모른다면 소용이 없다. '양보'란 무엇일까? 너무 쉬운 질문이다. 나이 든 노인을 위해 문을 열어주는 게 양보이다. 레이디 퍼스트를 실천하는 게 양보이다. 작은 이익에 연연하지 않는 모든 일이 양보인 것이다.

청나라 때의 일이다. 안휘安徽 동성桐城에 '장영張英'이라는 정치가가 살았다. 그런데 그의 집을 수리할 때 담장의 경계가 명확하지 않아 옆집 사람의 원성을 샀다. 이에 장영의 가족들이 그에게 문제를 해결할 방법을 물었다. 그러자 장영이 이렇게 대답했다.

리인(里仁)편: 어진 사람들에 의한, 어진 마음을 위한

"고작 담을 세우는 일로 고심을 하다니. 3척 양보하면 문제가 생기겠느냐? 만리장성은 지금도 존재하지만, 당시 진시황은 그걸 보지 못했다." 정말이지 시원스러운 해답이다.

장영의 대답을 들은 가족들이 땅의 3척을 양보하자 이웃도 감동해서 3척을 양보했다고 한다. 이렇게 두 저택 사이에 6척의 넓은 거리가 생겼다. 그리고 이 거리는 '6척 골목'이란 이름으로 유명해졌다. 이 고사를 허황된 이야기로만 볼 수 없다. 왜냐하면, 지금도 먼저 양보해서 갈등 상황을 해결할 수 있는 경우가 많기 때문이다. 나는 운전을 하다가 옆에 오토바이가 지나가거나 행인이 길을 건너려 하면 브레이크를 밟아 차를 세운다. 그러면 행인은 고맙다는 표정을 짓는다. 그리고 그런 표정을 보는 나의 기분도 좋아진다. 이렇게 오고 가는 좋은 감정의 교류는 정말 아름답다.

마음 채우기

많은 사람이 삶은 고통으로 가득하다고 말하며 즐거움을 위해 온갖 방법을 동원한다. 하지만 즐거움은 아주 간단한 방법으로도 얻을 수 있다. 예의를 지키고 양보하는 마음을 가지고 더 여유롭게 다른 사람을 위한다면, 당신의 삶은 더욱 따뜻해질 것이다.

나를 살리는 논어 한마디

"자리가 존재할지보다 그 위치에 맞는
능력이 있는가를 먼저 걱정하라."

_환소이립患所以立

공자가 말하길 "자리가 없음을 걱정하지 말고, 설 수 있을지를 걱정해야 하며, 자신을 알아주지 않는 것을 걱정하지 말고, 알려질 수 있게 되는 것을 구해야 한다."

子曰 "不患無位, 患所以立. 不患莫己知, 求爲可知也."

자왈 "불환무위, 환소이립. 불환막기지, 구위가지야."

명예와 이익을 추구하는 사람이라면 이 문장에서 위로를 얻을 것이다.

대학생 시절 나는 유명해지고 싶다는 욕망이 강했다. 교내에서 열렸던 토론 대회에 대한 후기를 올려놓는 게시판이 학교에 있었다. 나는 그 게시판에 내 이름이 있는지 매번 확인하러 다니곤 했다. 게시판에서 내 이름을 발견하면 '그래, 성공했다!'라는 기쁨이 반나절 동안 지속됐다. 반대로 게시판에 내 이름이 없는 날은 종일 우울했다. 그러던 중 우연히 나는 공자의 이 문장을 보게 됐다. "자리가 없음을 걱정하지 말고"라는 공자의 말에 큰 위로를 받은 나는 그 이후로 더 이상 게시판을 들여다보지 않았다.

  공자의 "자리가 없음을 걱정하지 말고 설 수 있을지를 걱정해야 하며"는 자신이 앉을 자리가 없는 것을 걱정하지 말고, 자신에게 그 자리에 앉을 능력이 없음을 걱정하라는 말이다. 예를 들어 대학교에서 별다른 능력도 없으면서 학생회장이 되고 싶은 학생이 온갖 방법을 동원해 회장으로 당선됐다고 가정해 보자. 그 학생은 마냥 기쁘기만 할까? 당선된 당시는 그럴 것이다. 하지만 능력이 부족한 그는 앞으로 자기가 책임져야 할 일들에 대한 고민으로 불안하고 우울해질 것이고, 결국엔 업무를 제대로 처리 못 해 남들에게도 좋은 평가를 받지 못할 것이다.

  세상 사람들 대부분은 "자리가 없음"을 걱정한다. 누군가는 윗자리에 오르기 위해서 아부하고 뇌물을 주는 등 저열한 방법을 동원한다. 하지만 이런 사람들은 정작 그 자리에 오르면 오히려 고통이 시작된다는 사실을 알지 못한다. 능력이 부족한 사람이 높은 자리에 앉으면 제대로 된 역할을 수행할 수 없어 항상 초조해지고 불안해질 수밖에 없다. 이런 상태를 "설 수 있을지를 걱정해야"라고 표현한 것이다.

자신이 맡은 자리를 감당할 자신이 없다면 그에 맞는 능력을 향상하기 위해 노력해야 한다. 정말 학생회 회장에 걸맞은 사람이 되고 싶다면 소통 능력, 지도력, 기획력과 협동 능력을 키워 회장직을 수행할 수 있어야 한다. 가령 총학생회 이전에 과대표 직책을 수행하면서 자신이 부족하다고 생각되는 능력들을 차근차근 키워나가는 것이다.

미국의 경제 전문 잡지 포브스가 선정한 가장 영향력 있는 경제 경영 도서 10위 안에 든 『성공하는 사람들의 7가지 습관The Seven Habits of Highly Effective People』의 저자 스티븐 코비Stephen Covey 박사는 성공하기 위한 7가지 습관 중의 하나로 '주도적으로 행동하기'를 이야기한다. 주도적인 사람들은 '관심의 원'이 아니라 '영향의 원'에서 행동한다. '관심의 원'은 개인이 전혀 통제할 수 없는 것들의 범위를 말한다. 예를 들면 이런 바람들이다. '사장이 월급을 더 많이 줬으면 좋겠다.', '벼락부자가 되었으면 좋겠다.', '경기가 더 좋아지면 좋겠다.' 등등. 반면 관심의 원 안에는 작은 원이 있는데, 그것이 바로 영향의 원이다. 영향의 원은 자기 능력 범위 안의 일을 대표한다. 만일 우리가 관심의 원에 집중한다면 자기 능력이 미치지 않아 원하는 대로 할 수 없게 된다는 사실을 알게 된다. 이럴 때 사람들은 불안과 초조함에 빠지고 고통스러워진다. 따라서 스티븐 코비 박사는 '영향의 원'에 힘을 쏟으라고 말한다. 자신이 바꿀 수 있는 일에 힘을 쏟으면서 영향의 원을 계속 확대해 나간다면 관심의 원에 가까이 다가갈 수 있을 것이다.

관심의 원과 영향의 원이라는 관점에서 생각해보면 '자리가 없음을 걱정하는 것'과 '설 수 있을지를 걱정하는 것'이 다르다는 것을 알 수 있다. '자리가 없음을 걱정하는 것'은 관심의 원에 해당한다. 나를 알아주지 않고 나에게 자리를 주지 않는 것은 개인이 어떻게 해볼 수 없는 영역이기 때문이다. 반대로 '설 수 있을지를 걱정하는 것'은 영향의 원에 해당한다. 자신의 능력이 어느 정도인지를 걱정하는 것은 개인이 통제할 수 있는 영역이다.

다음 구절을 살펴보자. "자신을 알아주지 않는 것을 걱정하지 말고, 알려질 수 있게 되는 것을 구해야 한다." 자신에게 자리가 주어지지 않는 이유는 뭘까? 사람들이 자신을 제대로 알아주지 못해서인 것일까? 사람들은 자신이 능력이 있는데도 기회가 주어지지 않는다고 원망한다. "자신을 알아주지 않는 것을 걱정하지 말고"는 다른 사람이 자기 능력을 제대로 알아주지 않는다고 걱정하지 말라는 의미이다. "알려질 수 있게 되는 것을 구해야 한

나를 살리는 논어 한마디

다"는 자기 능력을 다른 사람에게 충분히 보여줬는지를 고민하라는 뜻이다.

그렇다면 자신에게 이렇게 질문해 보자. '나의 일이 다른 사람에게 알려지는 것이 정말 좋은 일일까?' 요즘 젊은이 중에 유명해지고 싶어 하는 친구들이 많다. 이들 대부분은 유명해지려고 하는 이유나 유명해진 이후의 삶에 대해서 제대로 생각하지 않는다. 유명인 중에는 얼굴이 알려져서 생활이 불편한 경우가 많다. 유명해졌다고 거만하게 남들을 깔보고 자기 자신을 과대평가하는 이들도 있다.

우리는 자기 자신이 이룬 성과에 합당한 명성을 갖게 된다. 이름과 실제가 부합하는 것, '명실상부名實相符'는 이럴 때 쓰는 말이다. 하지만 말처럼 쉽지 않은 일이다. 맹자는 이런 말을 했다.

"뜻하지 않게 받는 칭찬이 있으며, 완전하기를 바라다가 받는 비방이 있다有不虞之譽, 有求全之毁."

맹자는 사람들이 생각하는 것만큼 자기 자신이 명실상부하다고 여기지 않았다. 즉, 맹자는 자신에 대한 칭찬이 뜻하지 않게 받은 것으로 생각한 것이다. 반면 세상일이란 완전하기를 바라며 노력하다가 다른 사람으로부터 비방을 받을 수도 있다.

마음 채우기

원대한 이상을 갖고 노력해야 좋은 성과를 기대할 수 있다. 자기 능력에 대한 외부의 평가에 온 신경을 쓴다고 달라지는 일은 없다. 자신이 지금의 위치에 걸맞은 능력이 있는지를 점검하고 다른 사람들에게 알릴만한 자신만의 능력이 무엇인지를 되돌아보는 일에 집중하자.

『삼국지』의 조비는 아버지 조조曹操에게 후계자로 인정받았을 때 너무 기뻐서 춤을 추었다. 이를 본 한 신하가 조비에게 충고했다. '막중한 자리를 맡은 만큼 두려워하고 근심해야지 춤을 추는 모습을 보여서는 안 된다'라는 신하의 충고는 공자의 말을 떠오르게 한디.

나를 살리는 논어 한마디

"일의 중심을 잡는 단단한 의로움을 간직하라."

군자유어의君子喩於義

공자가 말하길 "군자는 의로움에 밝고, 소인은 이익에 밝다."

子曰 "君子喩於義, 小人喩於利."

자왈 "군자유어의, 소인유어리."

『논어』 제4편인 〈리인里仁〉편에 실려 있는 문장들은 대부분 간결하다. 그리고 명언들이 많다. 이번 문장도 그렇다. 철학적 성찰이 돋보인다. 그리고 역시 간단명료하다.

이번 문장은 한자 '유喩'의 뜻풀이에 따라 달라진다. 먼저 '유'를 '깨닫다' 혹은 '알고 있다'로 보는 경우 다음과 같이 해석할 수 있다. '의로움을 잘 아는 군자는 항상 의로움과 관련된 큰 문제를 고민하고, 이익을 잘 아는 소인은 항상 이익을 얻는 방법을 고민한다.'

다음으로 부수가 '입구口'인 한자 '유'를 말과 관련지어 해석할 수 있다. 이럴 때 문장은 다음과 같은 뜻이 된다. '어떤 일을 말할 때 군자는 의로움을 기준으로 설명하고, 소인은 이익을 기준으로 이야기한다.'

창업 이야기를 예로 들어보자. 소인의 창업 마인드는 대체로 돈을 벌기 위한 것이지 자신의 이상을 실현하기 위한 정신적인 가치는 부재한 경우가 많다. 이것을 바로 "소인은 이익에 밝다"라고 공자가 말한 것이다. 반면 군자다운 사람이라면 창업을 할 때 자신의 이상이나 사회적 가치 등을 따질 것이다. 사회에 미칠 영향이나 변화 등을 내다보며 일을 도모하는 것이다. 이것이 바로 공자가 말하는 "군자는 의로움에 밝고"에 해당하는 하나의 사례가 될 수 있다.

"군자는 의로움에 밝고"와 "소인은 이익에 밝다"라는 것은 상반되는 가치관이며 인생관이다. 어떤 쪽을 선택하느냐에 따라 우리는 타인은 물론 자기 자신을 평가할 수 있다. 상대방이 의로움과 이익 중에 어떤 것을 중요시하느냐에 따라 그 사람을 군자나 소인에 가까운 사람으로 분류할 수 있다. 타인에 대한 평가보다는 자기 성찰이 더 중요하다. 다른 사람과 이야기하고 있는 자기 자신을 되돌아보면서 내가 의로움과 이익 중에서 어떤 쪽을 더 중요하게 생각하는지 따져 물어야 하는 것이다.

"어진 사람은 그림자마저도 배울 구석이 있다."

_견현사제見賢思齊

공자가 말하길 "어진 사람을 보면 같아질 것을 생각하고, 어질지 못한 사람을 보면 속으로 자신을 반성해야 한다."

子曰 "見賢思齊焉, 見不賢而內自省也."

자왈 "견현사제언, 견불현이내자성야."

공자의 유가 사상과 다른 학설을 주장한 도가道家의 시조 노자의 말이 떠오르는 문장이다. 노자는 인의仁義로 세상을 다스릴 수 있다는 유가의 주장과 달리 인의를 버리고 무위자연無爲自然과 무위무욕無爲無欲으로 살아갈 것을 주장했다. 공자의 말은 노자의 이 말을 떠오르게 한다.

"선한 사람은 선하지 않은 사람의 스승이며, 선하지 않은 사람
은 선한 사람의 바탕이 된다善人者不善人之師, 不善人者善人之資."

'자신보다 선하고 나은 사람을 만나면 그를 스승으로 섬기고,
자신보다 못한 사람을 만나면 그를 거울로 삼아야 한다.'는 말이
다. '교사의 자질師資力量', '스승이 될 만한 사람師資'이란 중국어의
기원은 바로 노자의 이 말에서 유래한다. 선한 사람은 선하지 않
은 사람의 스승이 될 수 있고, 선하지 않은 사람은 선한 사람의 반
면교사가 될 수 있다.

공자의 말도 노자와 비슷하다. 어질지 못한 사람을 보면 반면교
사로 자신을 반성하라는 말은 노자의 말에서 '선하다'와 '어질다'
라는 표현이 다를 뿐이다. 어진 사람을 보면 그 사람을 스승처럼
생각해서 닮아가기 위해 노력하고, 어질지 못한 사람을 보면 타산
지석으로 여겨 그를 닮지 않기를 다짐해야 한다.

만약 최근에 출판된 책을 통해서 공자의 논리를 이해하고 싶다
면 미국 임상심리학자 DR. 헨리 클라우드의 『타인의 힘The Power of
the Other』을 찾아보면 된다. 그는 이 책에서 인간관계가 우리의 삶
에 미치는 영향에 관해 설명한다. 클라우드 박사의 설명은 공자의
말과 비슷하다. 우리는 성공한 사람을 바라볼 때 그 이유를 그 사

람의 자질이나 그 사람이 처한 물질적인 환경과 연결해 생각하는 경향이 많다. 물론, 그런 생각이 틀린 것은 아니다. 하지만 한 가지가 빠져 있다. 그것은 바로 '타인의 힘'이다. 우리의 삶은 가족, 친구, 동료 등 주변이자 타인에 의해 영향을 받게 마련이다. 타인들은 우리의 능력을 발전시키기도 하고, 거꾸로 악화시킬 수도 있는 존재이다. 타인들은 어떻게 해서든 우리의 삶과 능력에 영향력을 끼친다. 그런데 이런 타인에 대한 반응은 사람마다 다르다. 어진 사람을 보고 닮고자 하는 생각보다는 그 사람의 단점을 들춰내려는 사람이 더 많다. 어진 사람은 실수가 적다. 하지만 트집 잡기 좋아하는 사람은 실수가 적다는 것 자체만으로도 문제를 삼는다.

어질지 못한 사람에 대한 반응 또한 다르다. 반면교사가 아니라 어질지 못하다는 이유로 그 사람을 비방하는 사람들이 있다. 그리고 자신의 가치관에 따라 상대방을 교육하려 한다. 하지만 공자는 그런 이들을 교훈 삼아 자기 자신을 반성하라 말한다. 공자는 항상 자신을 돌아보며 할 수 있는 일이 무엇인지를 고민하고, 그것을 성취하는 방법을 모색했다.

이 문장의 핵심은 자기 자신을 돌아보는 것이다. 어질지 못한 사람을 보고 속으로 자신을 반성하라는 것이다. 그리고 "어진 사람을 보고 같아질 것을 생각"하는 것 역시 자기 자신을 돌아본 후에 가능한 일이다. 따라서 공자는 타인의 됨됨이가 어떻든 간에 그를 반면교사로 삼아 자기 자신을 수련하라고 말하는 것이다.

『논어』에는 이와 비슷한 문장이 또 등장한다.

> "과거 학자는 자신을 위하였으나 지금의 학자는 다른 사람을 위한다古之學者爲己, 今之學者爲人."

우리가 공부를 하는 이유는 뭘까? 자신의 발전을 위해서일까? 아니면 다른 사람에게 자랑하기 위해서일까?

내가 아닌 다른 사람을 위한 행동에는 가식이 섞일 수밖에 없다. 진심으로 나를 생각한다면 어진 사람을 보고 시기하거나 질투할 것이 아닌, 작은 행동과 그림자에서조차 배울 점이 먼저 보일 것이다. 반대로, 어질지 못한 사람을 본다면 거울삼아 자신의 행동도 점검하게 될 것이다.

리인(里仁)편: 어진 사람들에 의한, 어진 마음을 위한

마음 채우기

자신과 상관없는 타인의 삶을 비방하는 일에 시간을 낭비하지 말자. 물론 비난받을 만한 일을 저지른 사람에게 손가락질을 하는 것은 잘못된 일이라 할 수는 없다. 특히 공인일 경우 그렇다. 하지만 비난의 대상은 잘못된 행동에 있는 것이지 인간을 향한 것은 아니다. 원색적인 비난의 댓글을 달기 전에 우리 자신을 먼저 돌아보자. 어질지 못한 사람을 보고 속으로 자신을 반성할 생각을 하는 것이 우선이다.

나를 살리는 논어 한마디

"연로한 부모를 섬기는 것이 수고롭더라도 그의 뜻을 존중하라."

_로이불원勞而不怨

공자가 말하길 "부모를 섬기며 공손하게 간하고, 뜻을 따르지 않는 것을 보더라도 더욱 공경하고, 어기지 않으며, 수고롭더라도 원망하지 않는다."

子曰 "事父母幾諫, 見志不從, 又敬不違, 勞而不怨."

자왈 "사부모기간, 견지부종, 우경불위, 로이불원."

논란이 많은 문장이다. 지금 이 시대의 사람들이 공감하기 어려운 내용을 담고 있다. 첫 구절에 쓰인 한자 '기幾'는 '공손하다'라는 뜻이다. 그리고 '미미하다', 혹은 '약간'이란 뜻도 있다.

첫 구절인 "부모를 섬기며 공손하게 간하고"는 부모가 실수했을 때 그 자리에서 잘못을 지적하는 것은 효가 아니라고 해석할 수 있다. 부모의 잘못은 최대한 공손하고 부드럽게 말해야 한다. 하지만 공손하게 잘못을 알려드려도 자신의 뜻을 꺾지 않으려는 부모들이 있다. 이럴 때, 자식들은 난처하다. 어떻게 하면 부모의 기분을 상하지 않게 하면서 잘못을 바로잡을 수 있을까?

일단 공자의 말을 계속 따라 가 보자. 이어지는 구절 "뜻을 따르지 않는 것을 보더라도 더욱 공경하고, 어기지 않으며 수고롭더라도 원망하지 않는다"는 부모가 자신의 지적을 받아들이지 않아 실수해도 부모를 원망하지 않아야 한다는 것이다. 하지만 말처럼 쉽지 않다. 나이가 많은 부모는 기억력이 좋지 못하거나, 몸에 밴 습성으로 행동을 고치기가 어렵다. 이를 이해하지 못하는 자식은 부모의 실수를 바로잡기 위해 동분서주하다가 스트레스를 받는다. 때로는 부모에게 화가 치밀어 오를 때도 있을 것이다. 그래도 공자는 '수고롭더라도 원망하지 않는' 태도를 지녀야 한다고 말한다. 자식에게 원망을 듣는 부모의 마음을 자식들은 알 턱이 없다.

『사랑의 구조Love's Own Truths』의 저자는 가정의 질서에 대해 설명한다. 그가 말하는 가정의 질서는 공자의 생각과 비슷하다. 공자는 "군왕은 군왕답고 신하는 신하답고, 아버지는 아버지답고 아들은 아들다워야 한다君君臣臣, 父父子子"라고 말했다. 심리학자인 저자는 공자의 생각처럼 식구들 사이에도 지켜야 할 질서가 있다고 말한다. 만약 가정의 질서가 흐트러진다면 모든 식구가 불행해진다. 자식이 부모를 아이처럼 통제하려 든다면, 부모와 자식 사이의 질서는 무너져 버린다.

자식의 나이가 몇 살이든 상관없다. 자식이 이룩한 성과가 얼마나 위대한지 상관없다. 자식은 부모 앞에서 어쨌든 영원한 자식이다. 그리고 그런 모습을 보이는 것이 자식의 도리이다. 그것은 예나 지금이나 마찬가지다. 합리적인 가족 관계는 식구들 간에 지켜야 할 질서를 지키는 것에서부터 시작한다.

부모가 실수를 저질렀을 때는 적당한 방법을 찾아 공손하게 이야기하자. 잘못을 지적해도 고쳐지지 않는다고 화를 내지도 말자. 다만 부모가 그 실수를 해결할 수 있게 돕는 방법을 생각해 보자. 자식이 '더욱 공경하고 어기지 않으며 수고롭더라도 원망하지 않으면' 가정이 평화로워진다.

'수고롭더라도 원망하지 않는' 것은 쉽지 않은 일이다. 나이가 많은 부모들은 이해하기 힘든 실수를 반복한다. 번지르르한 말장난에 속아 건강식품을 사고, 아무런 의심도 하지 않아 피싱에 걸려든다. 그런 사기범들이 있을 것이라고 미리 언질을 줘도 마찬가지다.

언젠가 한 아들의 하소연을 들은 적이 있다. 평상시 아주 검소하던 아버지가 그동안 아껴 저금했던 용돈으로 건강식품을 샀다.

뒤늦게 이 사실을 안 아들이 전문가들의 말을 빌려 아무런 효과가 없으니 환불을 받자고 아버지를 설득했다. 하지만 아버지는 전문가들의 말이 헛소리라며 아들의 말을 듣지 않으려 했다. 이런 부모를 우리는 어떻게 대해야 할까?

속상하겠지만 부모의 뜻을 존중해야 한다고 나는 생각한다. 그래도 자식에게 짐이 되지 않기 위해 건강식품을 사려다 벌어진 일이 아니겠는가. 그리고 플라시보 효과라는 것도 있다. 부모가 믿는다면 효력을 발휘할 수도 있는 일이다. 그리고 무엇보다 이런 일로 불화가 생긴다면, 부모의 건강은 되려 나빠질 것이다.

마음 채우기

부모는 오랜 기간 우리의 울타리가 되어왔다. 그들이 단단한 안전망을 마련해 주었기에 우리가 지금까지 건강하게 성장해 현재의 자리에 있을 수 있게 된 것이다. 이제는 우리 차례다. 우리가 그들의 울타리가 되어주어야 한다. 때론 그 울타리를 벗어나기도 하고 울타리 따위를 귀찮아 하기도 할 것이다. 우리 역시 그랬으니 그것 또한 이해할 수 있는 아량을 베풀어야 한다. 그리고 가끔은 수고로운 나날을 보냈을지라도 그 시간들을 고마워할 날이 올 것이다. 그들이 우리 곁에 있을 날이 그리 많지 않기 때문이다.

◆ ◆ ◆

나를 살리는 논어 한마디

"말의 무게가 가볍다면
함부로 내뱉지 마라."

_고자언지불출 古者言之不出

> **공자가 말하길** "과거 사람들이 말을 함부로 내뱉지 않은 건 행동으로 따르지 못할까 부끄러워했기 때문이다."
>
> 子曰 "古者言之不出, 恥躬之不逮也."
>
> **자왈** "고자언지불출, 치궁지불체야."

옛날 사람들은 쉽게 승낙하는 사람은 약속을 잘 지키지 않는다고 생각했다. 무슨 일을 요청하든 웃으면서 쉽게 승낙하는 사람은 약속을 지키지 않거나, 심지어 자신이 그 일을 승낙한 사실조차 잊어버린다고 생각했다. 나도 이런 사람을 직접 본 적이 있으니 그냥 쉽게 지나쳐버릴 옛날 이야기는 아닌 것 같다.

공자는 "믿음이 의에 가까우면 그 말이 실현될 수 있다"라고 말했다. 아주 높은 경지에 오른 사람만이 신용을 지킬 수 있는 것이 아니다. 단지 의로움을 '가까이' 한다면 신용을 지킬 수 있다고 공자는 말한다. 간혹 의로움에 가까이 가지 못하더라도 자신이 뱉은 말을 잘 지키는 사람들도 많다. 이는 인간관계에 있어서 가장 기본적인 원칙이기 때문이다.

공자는 강직하고, 굳세고, 질박하고, 어눌하나 어짊에 가까이 다가가려 했던 사람들을 좋아했다. 다른 성품은 모르겠지만 어눌한 사람까지 좋아했던 이유가 궁금할 것이다. 공자는 말이 어눌해서 친화력이 없는 사람들이 그 성격대로 쉽게 말하는 습성이 없어 상대방의 청을 아무 생각 없이 쉽게 승낙하지 않는다는 사실을 발견했다. 그리고 촌스러울 정도로 질박한 사람들은 다른 사람의 입방아에 쉽게 오르지 않고 어짊에 다가가려 노력한다고 보았다. 이런 사람들은 자기가 내뱉는 말의 무게를 이해하고 있기 때문이다.

마음 채우기

'한 번 승낙한 약속은 천금과 같다'는 뜻의 '일낙천금一諾千金'이라는 사자성어를 들어봤을 것이다. '한 번 승낙한 약속은 천금의 가치를 갖는다'라는 뜻이다. 사람들이 입을 뻥끗할 때마다 천금이 쏟아져 나온다고 상상한다면 아마도 대부분이 어눌해질 것이다.

"중용, 지나치게 사치하거나 지나치게 야박하지 않음에 이르는 길."

_이약실지자선의 以約失之者鮮矣

공자가 말하길 "약으로써 잃는 사람은 드물다!"

子曰 "以約失之者鮮矣!"

자왈 "이약실지자선의!"

한자 '약約'은 '구속'이라는 뜻도 있고, '절약'이라는 의미도 있다. 이 문장에 쓰인 '약'도 두 가지 뜻으로 해석할 수 있다. 따라서 "약으로써 잃는"다는 것은 자기 자신을 너무 구속하거나 지나치게 검소해 실수를 저지른다고 풀이할 수 있다.

인생에서 잃을 수 있는 원인은 많다. '사치로써 잃는 것'이나 '인색해서 잃는 것'을 예로 들 수 있다. 그렇다면 '사치로써 잃는' 사람들이 많을까? 아니면 '약으로 잃는' 사람들이 많을까? 분명

'사치로써 잃는' 사람이 '약으로 잃는' 사람보다 훨씬 많을 것이다.

"약으로써 잃는 사람은 드물다"라는 공자의 말은 신중하고 검소하게 행동하며 자신을 단속할 때 실수를 저지를 가능성이 가장 적다는 뜻이다.

다르게 해석하는 사람들도 있다. "군자는 반드시 말한 것을 실천해야 약을 잃는 경우가 적다"라고 해석하는 것이다. 하지만 이 해석은 공자의 품성과는 어울리지 않는다. 공자는 약속을 지키는 것보다 의로움을 지키는 것을 더 중요하게 생각했다. 약속과 신용은 사람이 도달해야 할 높은 경지는 아니었다. 도의에 부합하는지 아닌지가 약속을 지키는 것보다 훨씬 중요했다. 약속은 도의에 부합하면 지킬 수 있지만, 부합하지 않으면 굳이 지킬 필요가 없었다. 예를 들어서 나쁜 사람과의 약속은 도의에 부합하지 않으므로 지킬 필요가 없다. 이것이 공자의 원칙이다.

공자가 이 문장에서 자신을 구속하는 태도가 필요하다고 주장한 이유는 뭘까? 중용의 도에 이르지 않으면 가장 편안하고 적합한 상태에 도달할 수 없다. 따라서 중용에 도달하기 위해서 자신을 구속해보라고 공자가 권유한 것이다.

마음 채우기

공자의 최종 목표는 방탕하게 행동하지도 않고 자신을 너무 구속하지

도 않는 평온한 '중용의 경지'에 이르는 것이다. 공자는 완벽하지는 않

지만, 자신을 단속하지 않는 사람보다는 신중하게 단속하는 사람이 더

낫다고 이야기한다.

리인(里仁)편: 어진 사람들에 의한, 어진 마음을 위한

"말은 신중하게 천천히,
행동은 민첩하되 정확히"

_군자욕눌어언君子欲訥於言

공자가 말하길 "군자는 말은 어눌하게 하고 행동을 민첩하게
하려 한다."
子曰 "君子欲訥於言而敏於行."
자왈 "군자욕눌어언이민어행."

어눌하다는 말이 또 등장했다. "말은 어눌하게 하고"라는 구절
은 말수가 적고, 말을 할 때도 유창하지 못하다는 뜻이다. "행동을
민첩하게 하려 한다"라는 것은 동작이 빠르고 실행력이 강해 효
율적으로 일을 처리한다는 뜻이다.

　나는 이 문장이 공자가 자기 자신에게 한 말이라고 생각된다.
이러한 뉘앙스를 살린다면 문장은 이렇게 풀이할 수 있을 것이다.

'나(공자)는 군자가 되어 말을 적게 하고 일은 민첩하게 하고 싶다.'

공자의 가르침은 거의 매일 이루어졌다. 하루도 빠짐없이 찾아오는 제자들의 궁금증에 답하기 위해 공자는 세상을 바라보는 자신의 관점과 지식을 열정적으로 가르쳤다. 그래서 이런 말을 했을까? 매일 반복되는 가르침에 지친 공자가 '어눌해지고 싶다'고 생각하지 않았나 싶은 재밌는 생각을 해보게 된다.

명문 칭화대학교의 광장에 있는 해시계에는 "말보다 행동이 중요하다行勝於言"라는 글귀가 적혀 있다. 자기 계발의 방법을 찾는 사람들을 위한 두 권의 책『1만 시간의 재발견』과 『아주 작은 습관의 힘』은 실천의 중요성을 강조한다. 말은 어눌해도 행동은 민첩하게 하는 것이 중요하다는 것을 시사하는 것들이다.

이와 관련해 하나의 사례를 소개한다. 교사가 학생을 두 조로 나누어 사진 촬영하는 방법을 가르쳐주었다. 첫 번째 조 학생들한테는 사진을 많이 찍은 사람에게 점수를 주겠다고 말하고, 두 번째 조 학생들한테는 가장 수준 높은 사진을 찍은 사람에게 점수를 주겠다고 말했다.

첫 번째 조 학생들은 당연한 일이겠지만, 매일 많은 사진을 찍었다. 반면 두 번째 조 학생들은 사진 이론을 공부하고 촬영 기술을 분석하느라 사진을 찍을 시간이 많지 않았다. 주어진 시간이 지나 두 조의 학생들은 과제물을 제출했다. 어느 조의 학생들이 사진에 더 많은 조예를 얻었다고 평가를 받았을까? 학생들의 사진들을 평가한 결과, 잘 찍은 사진들은 대부분 첫 번째 조에서 나왔다. 그 이유는 뭘까? 사진에 관한 이론 공부보다는 사진을 실제로 찍어본 경험이 많을수록 실력이 좋아졌기 때문이다.

나는 이 사례를 읽으면서 "앉아서 탁상공론을 하는 것보다 일어나 움직이는 게 낫다"라는 세상 사람들의 말이 떠올랐다. 종일 앉아서 토론하면 이론이 풍부해지고 관점도 발전하겠지만 직접 실천하는 것보다는 못하다. 직접 실행하는 과정이 있어야 피드백도 빨리 받을 수 있다. 시행착오를 반복하면 실력도 자연스럽게 발전하는 것이다.

송나라 말기 사람들이 유학자들을 비판한 이유도 실용적인 일은 하지 않고 충성과 애국심만 중요시했기 때문이었다. 당대의 사람들이 유학자들을 조롱하는 말을 살펴보자.

"하는 일 없이 팔짱을 끼고 심성에 관해서만 이야기하다가 죽을 위기에 직면하니 군왕에게 보고한다."

자신의 애국심만 드러내고 감동할 뿐 국가를 위해 실제로 공헌은 하지 않고, 사람들에 대한 심성의 관점을 팔짱을 끼고 토론하다가 국가가 위태로워지면 무기력해지는 유학자들의 일면을 지적한 말이다.

송나라 사람들의 유학에 대한 평가는 정당할까? 물론, 행동하지 않는 유학자들의 일면은 비판받을 만한 일이다. 하지만 유학자들의 논쟁이 쓸데없다고 치부할 수만은 없다. 그들에 대한 비판은 다만 실천이 적다는 점에 초점이 맞추어져 있는 것이다. 유학자들도 국가를 위해 목숨을 바칠 수 있다. 하지만 그들은 행동보다 토론을 좋아했기 때문에 실천을 좋아하는 사람들에게는 탁상공론처럼만 보였을 것이다.

행동과 실천의 중요성은 창업 과정에서 아주 중요하다. 처음 창업을 하는 사람들은 대부분 의욕이 넘쳐 창업을 컨설팅해주는 학원에 다니거나 성공한 기업가들의 강연을 듣는 데 열중한다. 하지만 창업가들이 이론 공부에만 열중하다 보면 실제 회사 운영에는 소홀해져 좋지 못한 결과를 얻게 되고 만다. 공자의 말처럼 이론을 바탕으로 "행동을 민첩하게" 하는 것이 급선무이다.

나는 이 문장을 읽을 때마다 생각나는 두 쌍의 사람들이 있다. 바로 뉴턴과 라이프니츠, 왕양명과 주희이다. 동시대를 살았던 영국의 뉴턴과 독일의 라이프니츠는 서로 경쟁자였다. 말수가 적은 뉴턴은 물리학 연구를 통해 얻은 만유인력의 법칙으로 세상을 뒤

리인(里仁)편: 어진 사람들에 의한, 어진 마음을 위한

흔들었다. 뉴턴은 항상 깊고 놀라운 이론이나 방법을 도출하는 데 온 힘을 기울였다. 반면 외교관인 라이프니츠는 성격이 활달해 각종 연회에 참석해 토론하는 것을 좋아했다. 계몽철학을 제시한 라이프니츠는 굉장히 뛰어난 인물이었지만 뉴턴만큼이나 사회를 위해 실질적인 공헌을 하지 못했다고 생각한다. 명나라 중기의 유학자 왕양명과 주희 역시 비슷하다. 왕양명은 주희가 문화와 사상영역에서 획기적인 진전을 이루지 못했다고 비판했다. 왕양명은 주희가 아주 많은 책을 저술했지만, 많은 시간을 저술과 편집에 할애하느라 정작 심도 있는 사고를 하지 못해 철학의 깊이가 없다고 생각했기 때문이다.

마음 채우기

공자는 이미 오래전부터 사고에서 행동으로 이어지는 시간을 중요하게 생각했다. 사고에서만 멈출 것인가, 민첩하게 실천으로 이어나갈 것인가는 미래의 길을 트기 위한 상당히 중요한 문제다. 제자리 걸음으로 생각만 할 것인가, 행동으로 옮겨 한 발을 내디딜 것인가 지금 고민 중이라면 당장 일어나 움직여라!

"덕을 쌓아 자신만의 고립된 성에서 탈출하라."

_덕불고德不孤

공자가 말하길 "덕이 있는 사람은 외롭지 않으니 반드시 이웃이 있다."

子曰 "德不孤, 必有隣."

자왈 "덕불고, 필유린."

힘들고 지치거나 외롭다고 느끼는 사람에게 위로가 되는 문장이다.

외로운 사람 중에는 스스로 자신을 외롭게 만드는 사람들이 있다. 자신이 항상 옳다고 생각하는 사람, 그래서 타협하지 않고 독단적으로 행동하는 사람, 자신이 항상 좋은 성품을 갖고 있다고 생각하는 사람들은 다른 사람들에게 자신이 생각하는 대로 평가를 받지 못하면 스스로 고립된 삶을 사는 경향이 있다.

공자가 말했다. "덕이 있는 사람은 외롭지 않으니 반드시 이웃이 있다." 덕이 있는 사람은 독단적으로 생각하고 행동하지 않는다. 무엇보다 남을 배려한다. 따라서 덕이 있는 사람은 외롭지 않고, 주변에 그를 따르는 사람들이 많다.

나에게도 덕이 있을까? 자신할 수 없지만 나는 '판덩독서'를 처음 시작했을 때 이와 비슷한 경험을 한 적이 있다. 당시 나는 사람들에게 매년 50권의 책을 읽고, 더 많은 사람이 판덩독서에 참여하도록 하고 싶다고 말했다. 그 말을 내뱉었을 때 나는 너무 내 의욕만 강했던 것이 아닌가 하는 생각이 들었다. 즉, 사람들의 호응이 없을 것으로 생각했다. 하지만 결과는 기대 이상이었다. 사람들은 "함께 책을 읽고 싶어요. 다른 사람들도 판덩독서에 참여하라고 설득할게요"라고 말했다. 그때 나는 "덕이 있는 사람은 외롭지 않으니 반드시 이웃이 있다"라는 공자의 말을 어렴풋이 깨달았다.

고독한 사람 중에는 자신의 수준이 남들보다 높아서 어울리지 못하는 것으로 생각하는 경우가 많다. 아무도 자신을 이해해주지 못한다거나 다른 사람과 말이 통하지 않아 소통할 수 없다고 생각거나 다른 사람들의 수준이 너무 낮다고 생각한다. 이런 사람이 생각을 바꾸지 않는다면 갈수록 더 고독해지고, 결국은 자신만의 성에 갇혀 버리고 말 것이다.

마음 채우기

덕이 있다는 것은 주변에 있는 사람들과 사물들을 긍정적이고 포용적인 자세로 받아들인다는 것이다. 타인을 존중할 때, 사람은 자기보다 뛰어나거나 덕을 갖춘 사람을 알아볼 수 있게 된다. 그리고 그러한 자세로 타인을 대할 때 상대방도 나를 존중하는 모습을 보이게 된다. 이런 관계가 확장된다면 우리는 덕으로 풍요로운 사회를 살아갈 수 있을 것이다.

리인(里仁)편: 어진 사람들에 의한, 어진 마음을 위한

"술처럼 달콤한 친구 사이에도 반드시 지켜야 할 선이 있다."

_붕우삭, 사소의朋友數, 斯疏矣

자유가 말하길 "군왕 곁에 자주 있으면 욕을 당하고, 친구 곁에
자주 있으면 소원해진다."
子游曰 "事君數, 斯辱矣; 朋友數, 斯疏矣."
자유왈 "사군삭, 사욕의; 붕우삭, 사소의."

『논어』는 공자의 말만 기록된 것은 아니다. 공자의 제자 자유가
군왕과 친구를 비교하며 이야기한다. 여기에 쓰인 한자 '셈 수數'
는 반복된다는 의미의 '자주 삭'으로 읽어야 한다.

공자의 제자 자유가 말했다. 군왕이나 지도자 곁을 지키고 있다
보면 모욕을 당하는 일이 생길 수 있고, 친구와 지나치게 친해지
면 오히려 소원해질 수 있다. 사람과 사람 사이에는 적당한 거리

가 있어야 한다. 아무리 막역한 사이일지라도 사람은 누구나 자신만의 독립된 공간이 있어야 편안함을 느낄 수 있다. 거리가 너무 가까워 너와 나를 구분하는 경계가 사라지면 가까웠던 사이는 오히려 불편해지기 마련이다.

군왕의 총애를 받는 사람이 군주의 곁을 지킬 수 있다. 하지만 군왕의 총애가 한 사람을 향해 오래 지속되면 문제가 생길 수 있다. 청나라 대학사 장정옥張廷玉은 일 중독에 빠진 황제 옹정제雍正帝를 보필했다. 군왕과 신하의 관계는 적절한 거리가 유지됐다. 장정옥은 황제가 자신을 찾지 않으면 굳이 찾아가지 않았고, 옹정제는 신하를 공적인 일에만 부르고 사소한 일로 귀찮게 하지 않았다. 두 사람의 관계는 오래 지속됐다.

청나라 제6대 황제 건륭제와 환관이었던 화신의 관계는 홍정제와 장정옥의 관계와 상반되는 역사적 사례를 남겼다. 화신은 감언이설로 황제의 마음을 사로잡아 가장 큰 총애를 받는 신하가 됐다. 중상모략에 능한 화신은 건륭제의 비호 아래 국정을 농단했다. 화신은 지금도 권력을 악용하여 사리사욕을 채운 탐관오리의 대명사로 불리고 있다.

"군자의 사귐은 물처럼 담백하고, 소인의 사귐은 술처럼 달콤하다君子之交淡如水, 小人之交甘若醴"는 말이 있다. 소인의 사귐은 너무

나도 달콤해서 매일 함께 있어도 시간이 부족한 것처럼 아쉽게 느껴진다. 하지만 그렇게 좋은 시간도 술에 취할 무렵이면 싫어지게 마련이다. 반면 군자의 사귐은 담백한 물과 같다. 진한 향기도 없고 달콤하지도 않지만 순수하고 맑은 물처럼 진실한 관계를 오래 유지할 수 있다.

친구와 단둘이 여행을 떠난 적이 있는가? 친구와 24시간 같이 지내다 보면 다툼이 벌어질 수 있다. 나만의 사적인 시간과 공간이 없기 때문이다. 따라서 친한 친구일수록 적절한 거리를 유지해야 만남이 오래 지속될 수 있다. 어떤 일이 친구의 일이고, 어떤 일은 자신의 일인지를 명확하게 구분해야 하며, 만일 친구의 일에 어떤 의견을 제시했는데 친구가 반응하지 않는다면 더 이상 참견하는 것을 그만둘 수 있어야 한다. 그 일은 친구의 일인 만큼 스스로 고민하고 결정할 수 있게 돕는 것이 진정한 친구인 것이다.

친한 친구인가 아닌가를 판단하는 방법이 하나 있다. 어떤 친구와 있다가 말이 끊겼을 때의 조용한 분위기가 어색하다면 그 친구와의 관계는 막역한 사이는 아니다. 정말로 가까운 친구는 말을 하지 않아도 편안한 마음을 느낄 수 있다. 한나절 동안 함께 있으면서 아무 말 없이 각자 책을 읽고 글을 써도 즐겁고 편안할 수 있는 것은 그 친구에 대한 신뢰감이 있기 때문이다. 거꾸로 생각해

보자. 친하지 않은 사람과 같이 있을 때 우리는 왜 자꾸 어떤 화제를 찾으려 하는 것일까? 아무 말도 하지 않는다면 상대방을 무시할 수 있다는 오해를 살 수 있다는 우려감 때문이다.

『논어』의 〈리인里仁〉 편에서 공자는 어짊에 대해 많은 이야기를 했다. 공자의 모든 말들을 금과옥조처럼 받아들일 필요는 없다. 공자의 시대와 우리가 사는 시대는 분명히 다르다. 하지만 그렇다고 그냥 옛날이야기로 치부할 수는 없다. 공자는 시대를 초월하는 인간의 가치와 덕목들을 이야기한다. 이것이 바로 고전의 힘이다.

마음 채우기

『논어』는 정보화시대를 사는 우리에게 참고하고 깨닫고 생각할 만한 실마리들을 제공해 준다. 코로나19로 인해 사람과의 만남은 직접적인 대면보다는 SNS 등 온라인을 통한 만남이 활발해질 것으로 예상된다. 사이버공간에서도 지켜야 할 덕목이 있다. 공자의 시절과 우리의 시대를 비교하며 『논어』를 읽는 태도가 필요하다. 그렇게 논어를 독해할 때 우리는 다음과 같은 생각을 할 수 있을 것이다. '이전에는 왜 이런 생각을 하지 못했지?' 이것이 바로 고전을 읽는 이유이다.

리인(里仁)편: 어진 사람들에 의한, 어진 마음을 위한

"우주의 모든 이치를 하나로 꿰뚫는 '도'라는 정념의 이치."

_오도일이관지吾道一以貫之

공자가 말하길 "삼아, 나의 도는 하나로써 꿰뚫고 있다."

증자가 대답하길 "네."

공자가 나간 뒤 문인들이 묻기를 "무슨 말입니까?"

증자가 대답하길: "부자의 도는 충과 서일 뿐이다!"

子曰 "參乎, 吾道一以貫之."

曾子曰 "唯." 子出, 門人問曰: "何謂也?"

曾子曰 "夫子之道, 忠恕而已矣!"

자왈 "삼호, 오도일이관지."

증자왈 "유." 자출, 문인문왈: "하위야?"

증자왈 "부자지도, 충서이이의!"

공자와 증자의 대화를 다룬 생동감이 넘치는 문장이다. 강의할 때 나는 이 문장을 『논어』의 수수께끼라고 소개하곤 했다. 그만큼 알 듯 모를 듯한 내용이기 때문이다.

기원전 8세기에서 3세기에 이르는 춘추전국시대에는 '백가'라고 불릴 정도로 수많은 학파와 학자들이 그들의 지혜를 뽐냈으니, 이를 바로 '제자백가諸子百家'라 한다. 공자, 노자, 한비자, 묵자는 유가, 도가, 법가, 묵가의 학파를 대표하는 인물이다. 노자와 더불어 무위자연의 세계를 꿈꿨던 도가 사상의 스승, 장자의 성격은 그야말로 세상사에 무관심하여 무정했고 초탈했다. 하지만 같은 도가이지만 노자는 사뭇 달랐다. 노자는 자신의 사상을 심오하게 설명했다. 따라서 노자의 말을 이해하려면 되새김질하며 생각을 곱씹어봐야 한다. 가령 노자의 말은 이렇다.

> "도를 도라고 하면 도가 아니고, 이름을 이름이라 하면 이름
> 이 아니다道可道, 非常道. 名可名, 非常名."

노자의 말은 알쏭달쏭하다. 2천여 년이 지난 지금도 신비하게 느껴지는 노자의 어록이다.

반면 유가의 공자는 열정적이다. 공자는 질문자의 이해를 위해 꽤 열정적으로 열변을 토했다. 그리고 그는 자애롭기도 했다. 제대로 이해 못 하는 사람들을 위해 몇 번이고 반복해서 설명했다. 하

지만 이 문장에서 풍기는 공자의 면모는 사뭇 다르다. 아마도 공자의 나이 탓이 아닐까 싶다. 그의 나이 74세. 제자라고 했던 증자도 이미 스승이 된 터였다. 대화는 이런 분위기에서 이루어졌다.

어느 날 공자가 정원에서 산책을 하고 있었다. 노년의 공자가 증자에게 나지막이 말했다.

"증삼아, 내가 생각하는 일은 항상 하나의 핵심을 꿰뚫고 있다."

증자가 대답했다. "네, 저도 알고 있습니다." 증자가 대답을 마치자 공자가 자리를 떠났다.

공자는 증자에게 무언가 해 주고 싶은 말이 있었을 것이다. 하지만 제자의 답변이 좀 당돌했다. 스승이 무슨 이야기를 하는지 다 알고 있다고 하니, 무슨 말을 공자가 더 할 수 있을까? 공자의 심정은 아마 이러했을 것이다. '그래 됐다. 네가 정말 알든 모르든 상관하지 않고 내 입을 닫을 것이다.' 공자가 그렇게 자리를 떠났다. 다른 제자들이 다가와서 증자에게 물었다.

"스승님께서 '하나로 꿰뚫고 있다'라고 말씀하신 게 무슨 뜻입니까?" 그러자 증자는 이렇게 대답했다. "스승님의 도는 충과 서일 뿐이다."

여기서 '충'과 '서'는 '일을 처리하는 것'과 '사람을 대하는 것'

을 의미한다. 일을 처리할 때는 충심으로 최선을 다해 공평하게
하고, 사람을 대할 때는 상대방을 이해하고 존중하며 진지하게 대
해야 한다.

증자는 "나는 매일 세 가지로 자신을 반성한다"라고 말했다.
그 세 가지는 다음과 같다. '다른 사람을 위해 일을 도모하면서 충
실했는가? 친구와 사귀면서 믿음이 있었는가? 전수한 것을 익혔
는가?' 증자는 일을 처리하는 방법과 사람을 대하는 자세를 가장
중요하게 생각했다. 최선을 다해 공정하게 일을 처리하고, 상대
방의 처지에서 문제를 바라보며, 사람을 상대하는 것을 수련하며
삶을 꾸려 나갔다. 이처럼 '충'과 '서'는 매일 반성해야 할 세 가지
중 두 가지에 해당한다. 증자는 공자가 말한 '하나로써 꿰뚫고 있
는 도'가 바로 이것이라 생각했다.

하지만 증자의 관점에 반대하는 사람들이 많다. 『논어』를 알기
쉽게 해석한 난화이진 선생을 비롯해 다른 학자들은 두 가지 이유
를 들며 증자의 잘못을 지적한다.

첫 번째, 증자는 젊은 문인들의 지력이 높지 않다는 이유로 공
자의 뜻을 제대로 설명하지 않았다. '하나로써 꿰뚫고 있다'라고
말한 공자의 말에서 문인들이 '하나'가 무슨 뜻인지 물어봤을 때

증자는 복잡하게 설명하고 싶지 않았다. 증자는 걱정했다. '하나는 선과 같다, 하나는 도와 같다고 말하면 그들이 이해할 수 있을까?' 그래서 증자는 문인들에게 일을 잘 처리하고 인간관계를 잘 맺는 '충'과 '서'의 경지에 이르면 충분하다고 일축한 것이다.

두 번째, 증자는 총명하고 지혜로운 사람은 아니었다. "증삼은 미련한 사람이다"라고 한 공자의 말에서 알 수 있듯이 증자의 자질이 평범했다. 증자가 이룩한 성과들은 그의 타고난 자질 덕분이라기보다는 각고의 노력 끝에 이뤄진 것들이다. 즉, 증자는 공자의 질문을 잘 이해하지 못한 채 자신이 깨달은 경지인 '충'과 '서'를 이야기했을 수 있다.

그렇다면 왜 학자들은 공자의 '하나로써 꿰뚫고 있다'에서 '하나'가 '충'과 '서'만이 아니라고 보는 걸까? '충'과 '서'는 우리가 일을 어떻게 처리해야 하는지, 사람과 관계를 어떻게 맺어야 하는지를 설명하는 것일 뿐이다. 물론 이것도 마땅히 추구해야 할 경지이지만, '충'과 '서'만으로는 사람이 자신의 내면을 어떻게 바라봐야 하는지, 어떻게 도를 추구해야 하는지를 설명하기 힘들다. '충'과 '서'는 일상생활에서의 기본 원칙과 방법일 뿐 가장 기본적인 핵심 논리가 될 수 없다.

여러 학자들이 해석한 공자의 '하나로써 꿰뚫고 있다'를 살펴보자. 먼저 노자는 이렇게 말했다.

> "도는 하나를 낳고, 하나는 둘을 낳고, 둘은 셋을 낳고, 셋은
> 만물을 낳는다道生一, 一生二, 二生三, 三生万物."

여기서 '하나'는 세상 만물이 생기는 기원이다. 불교에서는 "하나로써 꿰뚫고 있음"에서 '하나'는 '공空'으로 보았다. 공은 세상 만물은 모두 인연을 가지고 있으므로 완전히 독립적이거나 영원히 변치 않는 사물은 없다는 사상이다. 노자의 관점에서 "하나로써 꿰뚫고 있음"에서 '하나'는 바로 '도道'이다. 도는 묘사할 수 없고, 알 수도 없으며, 명확하게 말로 설명할 수 없는 그 무엇이다. 또 일부 사람들은 하나가 '어짊'일 것이라 주장한다. 어진 사람은 다른 사람을 사랑할 줄 알고, 헤아릴 줄 알며, 어떤 일을 하든 어질게 처리한다. 어짊은 각종 아름다운 덕행을 만들어내는 힘이 된다.

나의 생각은 맹자와 비슷하다. 맹자는 "행동해도 얻지 못하면 모두 돌아봐 자신에게서 원인을 찾아야 한다行有不得者皆反求諸己"라고 말했다. 나는 "하나로써 꿰뚫고 있음"에서 '하나'는 바로 이 '자신에게서 원인을 찾는 것'이라 생각한다. 쉽게 설명하면 어떤 일을 하다가 장애를 만나면 하늘을 원망하거나 다른 사람을 탓하

지 않는 태도이다. 여기서 "하늘을 원망하고 다른 사람을 탓한다^不^{怨天, 不尤人}"라는 말은 공자가 했던 말이다. 공자는 "나라에 도가 있으면 벼슬을 하고, 나라에 도가 없으면 거두어 품는다^{邦有道則仕, 邦無道則可卷而懷之}"라고 말했다. 국가가 자신에게 관직을 주면 잘 수행하겠지만, 국가가 자신에게 관직을 주지 않으면 돌아가 글을 가르치겠다는 말이다. 공자는 '어째서 나를 알아주지 않는 거지?'라고 생각하며 세상을 원망하거나 불만을 드러내지 않았다. 그는 모든 일의 원인과 답 그리고 해결 방법을 자기 자신에게서 찾았다.

마음 채우기

공자는 "하나로써 꿰뚫고 있음"이라는 말의 뜻을 명확하게 설명해주지 않았다. 하지만 이를 자신이 처한 상황에 맞게 받아들이면 된다. 나는 이 문장을 '자신을 돌아보는 것'으로 받아들인다. 물론 '어짊'으로 해석해도 틀렸다고 생각하지는 않는다. 어짊과 자신을 돌아보는 것은 전혀 다른 이야기가 아니다. 자신을 돌아볼 줄 아는 사람이 어짊을 통달할 수 있다.

"작은 풀 같은 마음일지라도 봄 같은 은혜에 꽃처럼 보답하라."

_부모재, 불원유 父母在, 不遠遊

공자가 말하길 "부모가 계실 때는 멀리 가지 말아야 하며, 떠날 때는 반드시 장소를 정해야 한다."

子曰 "父母在, 不遠遊, 遊必有方."

자왈 "부모재, 불원유, 유필유방."

　　공자는 여러 나라를 돌아다니면서 세상의 이치를 설명했다. 공자의 아버지 숙량홀은 공자가 태어난 후 세상을 떠났지만 그를 따르던 제자들의 부모는 생존해 있었다. 따라서 혹자들은 후세의 사람들이 이 문장을 『논어』에 추가한 것이라 주장한다. 살아계신 부모를 둔 제자들을 이끌고 노나라를 떠나 제나라, 위나라 등 여러 나라를 순례하며 이런 이야기를 한 것은 이치에 맞지 않기 때문이다.

리인(里仁)편: 어진 사람들에 의한, 어진 마음을 위한

하지만 이런 해석은 문장을 글자 그대로만 봤기 때문에 나올 수 있는 의견이다. "떠날 때는 반드시 장소를 정해야 한다"라는 것은 부모를 완전히 떠난다는 것이 아니라 단지 외출할 때를 말하는 것이기도 하다. 가까운 곳이 아닌 먼 곳으로 떠나야 한다면 부모는 물론 가족에게 반드시 행선지를 알리며, 타지에 가서는 그곳의 소식을 편지로 알려 부모가 걱정하지 않게 해야 한다. 물론, 지금이야 서로 다른 나라에 살아도 수시로 연락할 수 있으니 걱정할 필요는 없겠다. 다만, 이 문장을 읽고 있자니 당나라 시인 '맹교孟郊'의 〈유자음遊子吟〉이란 시가 생각난다.

자애로운 어머니가 손에 실을 들고 떠날 아들의 옷을 지으시네.
떠나기 전 촘촘하게 기우며 돌아오는 게 늦어질까 걱정하시는구나.
누가 말했던가, 작은 풀 같은 마음으로 봄 같은 은혜에 보답할 수 있을까.

慈母手中線, 遊子身上衣.
臨行密密縫, 意恐遲遲歸.
誰言寸草心, 報得三春暉.

맹교는 어디로, 왜 떠나려 했을까? 멀리 떠나는 아들을 위해서 한땀 한땀 옷을 꿰매시는 어머니의 모습과 떠나기 전에 시를 쓰는 아들의 모습이 그려진다. 하지만 시의 내용과 달리 이 시는 맹교가 어머니를 떠나기 전 쓴 것이 아니었다. 떠났던 맹교가 돌아오는 길에 마중 나온 어머니를 보고 감격해서 쓴 시가 바로 〈유자음遊子吟〉이다.

효에 대한 공자의 말을 떠올리며 맹교의 시를 읽어보면 우리는 순수한 사랑의 힘을 느낄 수 있다.

마음 채우기

부모와 자식 사이의 깊은 감정은 멀리 떨어져 있다고 옅어지지 않는다. 자주 연락하지 않는다고 핀잔을 주는 부모에게 짜증을 내지 않기를 바란다. 연로하신 부모는 항상 자식의 안위가 걱정되는 것이다. 나도 자주 부모님에게 전화를 드리는 편은 아니다. 내가 이따금 전화하면 아버지는 항상 '어디냐?'고 물으신다. 매번 듣는 질문이지만 한숨이 나올 때가 많다. 아버지는 내가 갑자기 먼 곳으로 떠날 수 있다고 생각하시는 것 같다. 내가 자주 연락드리지 못했기 때문일 것이다. 항상 자식 걱정이신 부모들을 위해 자주 연락하는 것이 가장 큰 효도일지도 모른다.

인생을 열심히 사는 것보다 중요한 것이 있다.
바로 일상을 부지런히 사는 것이다. 그리고 어짊은 매일 매일
그 부지런한 수신修身과 성찰의 노력 끝에 만들어지는 것이다.

어짊을 추구했던
공자의 뛰어난 제자들, 공문십철

論語

"간장 종지로 태어나도
뚝배기의 꿈을 꾸는 삶."

_호련야瑚璉也

자공에게 묻기를 "저는 어떻습니까?"

공자가 대답하길 "너는 그릇이다."

자공이 묻기를 "어떤 그릇입니까?"

공자가 대답하길 "호련이다."

子貢問曰 "賜也何如?"

子曰 "女, 器也."

曰 "何器也?"

曰 "瑚璉也."

자공문왈 "사야하여?"

자왈 "여, 기야."

왈 "하기야?"

왈 "호련야."

생동감이 넘치는 공자와 자공의 대화이다. 언급하진 않았지만 앞의 문장에서 공자는 자천을 칭찬했다. 그러자 공자의 또 다른 제자 자공이 다가와 공자에게 자신은 어떠냐고 묻는 내용이다.

　자공은 공자의 가장 충성스러운 제자다. 경제적으로 부유했던 자공은 노년의 공자를 보살폈다. 하지만 자공에 대한 공자의 평가는 자천처럼 그리 높지 않았다. 공자는 자공을 그릇과 같은 사람이라고 말했다.

　공자는 "군자는 그릇이 아니다"라고 말한 적이 있다. 밥그릇, 국그릇 등 어떤 한 용도에만 쓸모가 있는 그릇처럼 정형화되지 않는 사람이 군자라고 공자가 말한 것이다. 반대로 생각하면 이해하기가 쉬울 것이다. 가령, 회사에서 자기 담당 업무 이외에는 조직의 다른 일에 신경을 쓰지 않는 회사원을 '그릇과 같은 사람'이라 할 수 있다. 이런 사람들은 자기 자신을 어떤 일을 처리하기 위한 도구나 기계로 여긴다는 사실을 깨닫지 못하는 소인이다.

　한 가지의 용도로만 쓰이는 그릇과 같은 사람이 되지 않도록 노력하자. 나의 담당 업무가 회계라고 해도 자기 자신이 한평생 회계사인 것은 아니지 않는가? 다른 팀원들의 일을 돕고, 퇴근 후에는 음악가로 변신하고, 집에서는 좋은 부모가 될 수 있는 전인적인 사람이 되어야 한다. 이런 사람을 르네상스적인 사람이라고도 한다. 르네상스 시대의 대표적인 인물 레오나르도 다빈치는 미술

공야장(公冶長)편 : 어짊을 추구했던 공자의 뛰어난 제자들, 공문십철

가일 뿐만 아니라 과학자, 기술자, 사상가 등 다재다능했다.

다시 문장으로 돌아가자. 공자가 자신을 그릇이라고 평가했으니 의기소침할 만도 한데 자공은 전혀 기가 죽지 않고 계속 물어본다. "저는 어떤 그릇입니까?" 그러자 공자가 대답한다. "너는 호련이다."

호련瑚璉은 기장과 피를 담아 종묘宗廟에 바치는 제사용 그릇 '예기禮器'의 하나이다. 공자는 제사의 예를 중요하게 생각했기에 '호련이다'라는 말은 존경받을 만한 인물이라는 뜻을 내비친 것이다. 지금도 고귀한 인격을 갖추거나 학식이 풍부한 사람을 '호련'이라 말하기도 한다.

공자가 자공을 호련이라고 말한 것은 자공이 고귀한 인물이긴 하지만 아주 비범한 인물은 아니라는 뜻을 담고 있다. 그릇의 용도는 다양하지 않기 때문이다. 공자가 생각하는 군자는 다재다능한 사람이다. 그리고 자공은 공자의 또 다른 제자인 안회와 비교하면 학식이나 수양의 경지가 그리 높지는 않았다.

어떻게 보면 이 문장은 공자와 그의 제자 자공이 서로 농담을 주고받는 대화처럼 느껴진다. 하지만 그래도 공자가 유독 자공에게만 가혹하게 구는 게 아닌가 하는 의구심도 든다. 자공은 수련이 부족해 종종 공자로부터 질타를 받기도 했다.

나를 살리는 논어 한마디

"너는 그릇이다"라는 공자의 말은 군자에 대한 공자의 기준이 매우 높았음을 알려준다. 자공이 다재다능한 군자의 상태에 아직 이르지 못했다는 말이다. 자공은 뛰어난 상인이었다. 돈을 버는 일에 정신이 팔린 자공에 대한 평가로 공자가 "너는 그릇이다"라고 말했을 수도 있다. 공자로부터 이런 평가를 들은 자공은 어떤 반응을 보였을까? 스승의 말을 무시하고 장사에 열중했을까? 아니면 군자의 경지에 오르기 위해 부단한 수련의 과정을 밟았을까? 여러분이 자공이었다면 어떻게 했을지 생각해 보는 것도 군자가 되기 위한 하나의 수련이 될 수 있을 것이다.

"능력과 어짊은 반드시 다정한 친구처럼 함께 가지 않는다."

_부지기인不知其仁

맹무백이 묻기를 "자로는 어집니까?"

공자가 대답하길 "모릅니다."

맹무백이 다시 묻자 공자가 대답하길 "유는 천승의 나라에서 군사를 다스리게 할 수는 있으나 어짊은 모르겠습니다.",

맹무백이 묻기를 "구는 어떻습니까?"

공자가 대답하길 "구는 천실의 읍과 백승의 집안에 재상이 될 수는 있으나 어짊은 모르겠습니다.",

맹부백이 묻기를 "적은 어떻습니까?"

공자가 대답하길 "적은 띠를 매고 조정에 서서 빈객과 대화할 수는 있으나 어짊은 모르겠습니다."

孟武伯問 "子路仁乎?"

子曰 "不知也." 又問.

子曰 "由也, 千乘之國, 可使治其賦也, 不知其仁也."

"求也何如?"

子曰 "求也, 千室之邑, 百乘之家, 可使爲之宰也, 不知
其仁也." "赤也何如?"
子曰 "赤也, 束帶立於朝, 可使與賓客言也, 不知其仁也."
맹무백문 "자로인호?"
자왈 "부지야." 우문.
자왈 "유야, 천승지국, 가사치기부야, 부지기인야." "구야하여?"
자왈 "구야, 천실지읍, 백승지가, 가사위지재야, 부지기인야."
"적야하여?"
자왈 "적야, 속대립어조, 가사여빈객언야, 부지기인야."

춘추시대春秋時代 노魯나라의 애공哀公은 왕권이 미약했다. 군사력
이 막강한 세도가문이 권력의 핵심부를 차지했기 때문이다. 맹손
孟孫, 숙손叔孫, 계손季孫 씨가 대표적인 세도가문으로 이른바 삼환
씨三桓氏라고 불렸다.

공자는 학문을 가르치는 것에 그치지 않고 제자들이 나아갈 길
을 자주 제시했다. 유능한 사람이 그에 합당한 위치에서 능력을
발휘할 수 있도록 하는 것도 나라를 위해 공헌하는 방법의 하나
다. 인재를 찾던 맹손 가문의 맹무백이 공자의 제자들에 관해 물
었다. 앞 문장에 등장했던 자로를 비롯한 염유, 공서적에 대한 공
자의 평가를 살펴보자.

맹무백이 공자에게 "자로는 어떻습니까?"라고 물었다. 앞의 문
장을 읽은 독자들은 자로의 충직한 성격을 이미 알고 있을 것이다.

공자는 자로의 충직함을 맹무백에게 다른 식으로 설명했다.

"자로는 천승의 나라에서 군사를 다스리게 할 수는 있으나 어짊은 모르겠습니다." 이 문장에서 '천승'은 천 대의 전차를 말한다. 전차 하나를 4마리의 말이 끌었으니 천승의 나라는 곧 말 4천 필을 보유한 나라이다. 말하자면 군사력이 막강한 대국이 천승의 나라인 것이다. 공자는 대국의 군사와 조세를 맡겨도 될 정도로 자로가 충직함을 어필한 것이다.

맹무백이 다른 제자 염유에 대해 묻자 공자가 대답했다.

"천실의 읍과 백승의 집안에 재상이 될 수는 있으나 어짊은 모르겠습니다." 이 문장에서 '천실의 읍'은 1천 호 정도의 집이 있는 도시를 말한다. '백승'은 100개의 전차를 뜻한다. "천실의 읍과 백승의 집안"은 지금으로 치자면 대도시 정도일 것이다. 공자는 염유를 큰 도시를 관리할 수 있는 사람이라 평가했다. "천승의 나라"를 맡겨도 좋다는 자로에 비해 염유에 대한 평가는 낮았다는 점을 알 수 있다. 이어서 맹부백이 공서적의 능력에 대해 물었다. 공자가 대답했다.

"공서적은 띠를 매고 조정에 서서 빈객과 대화할 수는 있으나 어짊은 모르겠습니다." 이 문장에서 '띠를 매고'라는 구절은 외교에 적합한 예복을 입는다는 뜻이다. 공자는 공서적이 외교관을 하기에 적당한 사람이라고 생각했다.

나를 살리는 논어 한마디

공자는 자신이 아끼는 제자일지라도 능력을 평가할 때는 철저하게 객관적인 관점을 유지했다.

사회의 병폐 중 하나는 인정에 이끌려 일을 도모하는 것이다. 로런스 피터와 레이먼드 헐의 공동 저서 『피터의 원리』에서는 '깜냥이 안되는 사람들이 요직을 차지하고 있기 때문에 능력과 자질을 갖춘 사람들이 제 할 일을 못 찾게 된다'고 이야기한다. 공자는 제자들이 각자의 능력에 맞는 일을 하는 것이 본인 자신은 물론 널리 이롭게 하는 일이라 생각했다.

마음 채우기

자로, 염유, 공서적의 능력과 쓰임새는 서로 달랐다. 하지만 공통점이 하나 있다. 셋 다 모두 어진 사람인지는 모르겠다는 것이다. 다른 나라의 대표와 협상을 할 수 있는 능력, 대도시를 관리할 수 있는 능력, 한 나라를 꾸려갈 수 있는 능력은 아무나 갖출 수 있는 능력이 아니다. 하지만 공자는 이렇게 뛰어난 능력이 있는 사람이라도 어짊의 경지에 다다랐는지는 잘 모르겠다고 했다. 공자가 생각하는 어짊의 경지는 무척이나 높았다.

"거친 나물을 먹어도 예와 어짊을 알면 인생의 참맛을 알게 된다."

_회야문일이지십回也聞一以知十

공자가 자공에게 묻기를 "너와 회 중에 누가 나으냐?"

자공이 대답하기를 "제가 어찌 감히 회를 바라보겠습니까? 회는 하나를 들으면 열을 알지만, 저는 하나를 들으면 둘을 압니다."

공자가 말하길 "못하다. 나와 너는 못하다."

子謂子貢曰 "女與回也孰愈?"

對曰 "賜也何敢望回? 回也聞一以知十, 賜也聞一以知二."

子曰 "弗如也. 吾與女弗如也."

자위자공왈 "여여회야숙유?"

대왈 "사야하감망회? 회야문일이지십, 사야문일이지이."

자왈 "불여야. 오여여불여야."

'은군자隱君子. 세상을 등지고 홀로 덕을 닦은 사람. 가난함 속에서도 어짊과 예를 추구하는 삶을 즐겼던 자.'

이 모두는 공자의 제자 안회를 설명하는 말이다. 공자는 그를 가장 총애하며 신임했다고 전해진다. 안회는 "예가 아니면 보지도, 듣지도, 말하지도, 행하지도 말라"는 공자의 가르침을 지켰다. 공자보다 30살 어렸던 안회는 아쉽게도 스승보다 먼저 세상을 떠났다. 확실하지는 않지만 안회가 세상을 떠난 후에 그를 그리워하며 공자가 자공에게 이야기를 하는 상황인 것 같다.

공자가 자공에게 물었다. "너와 안회 중 누가 나은 것 같으냐?" 자공이 대답했다. "제가 어찌 감히 안회를 바라보겠습니까?" 감히 자신은 안회와 비교할 깜냥이 안된다는 자공의 답변은 공자를 흡족하게 했을 것이다. 안회는 물론 자공도 겸손함의 덕을 갖춘 공자의 제자인 것이다. 자공은 계속 자기를 낮추는 말을 이어갔다. "안회는 하나를 들으면 열을 아는 사람이었지만, 저는 하나를 알면 둘만 알 뿐이니 제가 한참 못 미칩니다." 자공의 겸손한 답변에 공자는 감탄했다.

이어지는 공자의 말이 인상적이다. "못하다. 나와 너는 못하다." 이 문장은 두 가지로 해석해 볼 수 있다. 첫 번째는 한자 '여與'를 접속사로 풀이해 "나와 너는 그만 못하다"라고 해석하는 것이다. 도대체 안회의 어짊은 얼마나 높은 경지에 있길래 스승이 제자보다 못하다는 말을 했을까? 아끼는 제자의 죽음은 더욱 안타까웠을 것이다. 공자는 제자의 능력을 평가할 때 한없이 객관적인 사람이었다. 하지만 아끼는 제자에 대한 그리움에 사무친 공자는 자기 자신보다 안회가 훌륭했다며 자공에게 말했다.

두 번째는 '여'를 동의한다는 뜻의 동사로 해석하는 것이다. 그래서 "나와 너는 못하다"는 뜻은 "너(자로)는 확실히 그(안회)만 못하다"로 풀이된다. 하지만 좀 어색한 뜻풀이다. 자공이 겸손하게 "저는 안회만 못합니다"라고 말했는데, 공자가 다시 "너는 확실히 그만 못해"라고 강조할 필요가 있었을까? 공자가 이렇게까지 자공을 깎아내릴 필요가 있었을까? 공자는 그렇게 매정한 사람은 아니었을 것이다.

안회가 좀 더 오래 살았다면, 공자의 말처럼 정말로 공자보다 나은 사람이 될 수도 있었을 것이다. 공자는 혹시 이런 생각 때문에 그런 말을 했던 것일까? 세상을 먼저 떠난 어진 제자에 대한 그리움이 묻어나는 공자와 자공의 대화였다.

나를 살리는 논어 한마디

빈곤 속에서도 어짊을 찾고 예를 추구하는 안회는 공자의 최애 제자였다. 안회는 말이 많지 않았으며 자신의 행동을 드러내놓고 자랑하지 않았다. 공자는 그런 안회를 보며 '인생의 진미를 아는 제자'로 느꼈을 것이다. 비록 짧은 생을 살다 갔지만, 그는 그 누구보다 제대로 된 삶을 살다 간 제자였다. 공자의 회한이 가득 담긴 이 문장을 통해 안회라는 인물이야말로 공자가 누누이 이야기한 '어질고 덕을 쌓은 군자와 같은 사람'임을 절실히 깨달을 수 있다.

"화려한 말재간보다 수려한 어짊의 자태를 취하라."

_언용녕焉用佞

누군가가 **말하길** "옹은 어진 사람이지만 말재주가 없다."

공자가 말하길 "말재주가 좋아 어디에 쓰겠는가? 말재주로 다른 사람을 대하면 미움만 받을 뿐이다. 그가 어진 사람인지는 모르겠지만 말재주를 어디에 쓰겠는가?"

或曰 "雍也仁而不佞."

子曰 "焉用佞? 禦人以口給, 屢憎於人. 不知其仁, 焉用佞?"

혹왈 "옹야인이불녕."

자왈 "언용녕? 어인이구급, 루증어인. 부지기인, 언용녕?"

이름을 밝히지 않고 말할 때 쓰는 한자 '혹왈或曰' 뒤에는 주로 안 좋은 내용이 이어진다. 공자의 제자 중 '삼염三冉'이라는 삼 형제가 있었다. 첫 구절에 나오는 한자 '옹雍'은 삼염 삼 형제 중 '염옹冉雍'을 말한다. 염옹의 다른 이름은 '자유子有'다.

"옹은 어진 사람이지만 말재주가 없다"라고 누군가가 말했으니 염옹에 대한 부정적인 평가일 것이다. 첫 구절 끝에 쓰인 한자 '녕佞'은 말을 수려하게 잘한다는 의미다. 그래서 첫 문장은 염옹은 어진 사람이지만 언변이 뛰어나지는 않다고 해석할 수 있다.

염옹에 대한 누군가의 평가를 들은 공자의 마음이 좋지 않은 것 같다. 공자는 상대방이 어짊의 경지를 쉽게 판단하는 것을 받아들일 수 없었다.

『논어』에 등장하는 공자는 안회를 제외하고는 어짊에 이르렀다고 평가한 제자는 거의 없었다. 게다가 안회가 어짊을 어기지 않은 것도 3개월 동안이라는 단서를 달았다. 공자가 생각하는 어짊의 경지는 무척이나 높다. 공자는 염옹이 어진 경지에 다다랐으나 표현 능력이 부족하다는 누군가의 평가를 받아들일 수 없었다. 누군가가 염옹에게 부족한 것은 단지 자신의 출중한 능력을 잘 포장해 세상에 알리는 능력일 뿐이라고 촌평했다.

누군가의 말이 마음에 들지 않았던 공자가 다음과 같이 반문했다.

"말재주가 좋아 어디에 쓰겠는가?" 어진 경지에 오른 것을 굳이 좋은 말재주로 떠들고 다닐 필요가 있냐는 것이다.

이 문장에서 말하는 '누군가'의 기준은 세상의 관점이다. 세상은 어짊보다는 말을 번지르르하게 잘하는 사람들을 주목한다. 타인의 비위를 맞추기 위해 화려한 언변을 구사할 줄 아는 사람이 돋보이는 게 세상의 논리다. 하지만 공자의 관점은 어눌하더라도 내면에 덕을 갖춘 사람과 가깝게 지내라고 말한다. 여기서 공자는 염옹에 대한 세상의 평가가 맞는지 잘 모르겠으나 말을 잘하는 것은 별로 중요하지 않다고 강조하고 있다.

공자는 언변이 뛰어난 사람을 싫어했다. 공자는 말했다. "말을 교묘하게 꾸미고 얼굴빛을 좋게 하는 사람 중에는 어진 사람이 드물다." 말을 청산유수처럼 잘하는 사람 중에 어진 사람이 드물다고 공자는 생각했다. 그래서 공자는 다음과 같이 말했다. "말재주로 다른 사람을 대하면 미움만 받을 뿐이다."

공자는 "어진지는 모르겠다"라는 표현을 자주 사용했다. 내면의 어짊은 사람의 겉모습만 봐서는 판단하기가 쉽지 않다. 우리는 상대방의 겉모습을 통해서 그 사람이 나라를 다스릴 능력이 있는지, 돈을 벌 능력이 있는지, 음악을 이해할 줄 아는지 알 수 없다. 내면의 어짊은 더욱 그러하다. 잘 모르는 것을 함부로 판단해 입밖으로 내뱉는 일은 피해야 한다.

"어진 사람인지는 모르겠다"라는 표현은 공자가 제자의 어짊을 부정했다는 말은 아니다. 공자는 제자들의 어짊을 명확하게 판단할 수 없다고 솔직하게 대답한 것뿐이다. 이 대화에서도 공자는 염옹을 비판한 것이 아니라 그의 어짊이 어느 경지에 다다랐는지 모른다고 말했을 뿐이다.

공자는 사람을 평가할 때 두 가지 면을 살폈다. 상대방이 어떤 일을 처리할 수 있고, 그 일을 얼마나 유능하게 처리할 수 있는가. 즉, 일의 본질에 초점을 맞춰 사람을 평가했다. 하지만 우리는 공자처럼 일의 본질만 보고 사람을 판단하는 경우가 드물다. 우리는 흔히 이런 말들을 자주 한다. 저 사람은 좋은 사람이다, 그 사람은 나쁜 사람이다, 이 사람은 신용을 잘 지키는 사람이다. 도덕적이고 감정적이고 경험적인 측면들이 사람에 대한 평가를 좌지우지한다.

공자는 어짊을 판단하는 데 아주 신중했다. 그래서 상대방이 어질더라도 자신은 알아차릴 수 없다고 말했다. 그 반대도 마찬가지였다. 이유는 명확하다. 어짊은 내면에 있다. 따라서 겉모습만 보고는 내면의 어짊을 판단할 수 없다.

공자가 마지막 구절에서 다시 강조하며 말한다. "말재주를 어디에 쓰겠느냐?" 공자의 속마음은 이럴 것이다. '내 제자를 유혹해서 말재주가 좋은 사람으로 만들고 싶은 거냐?' 다시 한번 강조하지만, 말재주를 높이 평가하는 것은 세상의 관점이다. 우리는 내면의 어짊에 힘을 쏟아야 한다.

"섣부른 발걸음은
깨진 얼음을 발견하지 못한다."

_부자지언성여천도 夫子之言性與天道

자공이 말하길 "부자의 문장은 들을 수 있지만, 부자가 성과 천도를 말씀하신 건 들을 수 없다."

子貢曰 "夫子之文章, 可得而聞也. 夫子之言性與天道, 不可得而聞也."

자공왈 "부자지문장, 가득이문야. 부자지언성여천도, 불가득이문야."

자공이 공자에 대해 말하고 있다. 자공이 말하는 '부자'는 공자를 일컫는 말이다.

"부자의 문장은 들을 수 있다"라는 구절은 스승인 공자의 문장은 예절, 음악, 궁술, 승마, 글쓰기, 수학, 정책, 나라를 다스리는 법, 세금을 걷는 법 등 현실적인 일들에 관한 생각들을 담고 있다는 의미이다. 공자는 형이상학적인 문제보다는 현실적인 일들을 이야기하고 싶어 했다.

다음 구절 "부자가 성과 천도를 말씀하신 건 들을 수 없다"라는 것은 공자가 인간의 본성이나 하늘의 도, 우주의 원리 등에 대해 토론하는 것을 들어본 적이 없다는 뜻이다. 노자와 맹자는 '성性'과 '천도天道'에 대해 자주 말했지만 『논어』에 언급된 적은 거의 없다. '천도'는 이 문장에서만 유일하게 거론됐고, '성'도 "성은 서로 비슷하나 습은 서로 멀다性相近也, 習相遠也"는 문장 이외에는 『논어』에서 찾아볼 수 없다.

서양에서는 현실적인 방법론을 설파했다는 이유로 공자를 철학가로 생각하지 않는 사람들이 있다. 반면 노자는 확실히 철학가로 인정을 받고 있다. 노자는 "도는 하나를 낳고, 하나는 둘을 낳고, 둘은 셋을 낳고, 셋은 만물을 낳는다"며 만물의 운행 논리를 말했기 때문이다. 이처럼 서양 사람들은 플라톤의 이데아처럼 '형이상학적인 문제를 고민하는 것이 철학'이라는 경향이 강한 편이다.

현실 세계에 관심을 두었던 공자는 세상일과 관련되지 않은 형이상학적인 것에 대해서는 논의하지 않았다. 형이상학적인 질문을 받았을 때 공자는 그러한 생각이 가능할 수도 있고 중요할 수도 있겠지만 자신은 형이상학적인 문제는 명확하게 알지 못한다고 했다. 앞에서 다룬 "어짊을 알지 못한다"라는 말과 같은 논리에서 나온 공자의 말이다. 공자는 사람의 내면과 본성은 쉽게 판단할 수 없다고 생각했다. 따라서 내면의 어짊도 쉽게 판단할 수 없는 것이다. 제자에 대한 공자의 평가를 보면 알 수 있듯이, 공자는 사람의 업무 능력은 객관적으로 판단할 수 있지만 어짊은 잘 모르겠다고 대답했다.

공자는 자신이 명확하게 알지 못하는 일은 쉽게 믿거나 부정하지 말고 겸손한 마음을 가져야 한다고 주장했다. 사실에 근거해 진리를 탐구하는 실증주의적인 태도가 강했던 것이다. 그렇다면 공자는 죽음에 대해 어떤 태도를 지녔을까? 귀신의 존재를 믿었던 과거에 공자는 어떤 의견을 가졌을까? 귀신도 형이상학적인 존재일까? 귀신에 대한 공자의 이야기는 유머러스한 면이 있다. 공자가 귀신에 대해 말했다. "귀신을 공경하되 멀리해야 한다敬鬼神而遠之." 이 외에 공자의 언행과 공자와 문인門人의 토론을 수록한 『공자가어孔子家語』에서 사후세계에 대한 재미있는 이야기가 있다.

자공이 공자에게 물었다. "사람이 죽은 뒤에는 어디로 갑니까? 사후에도 삶이 있습니까?"

공자가 말했다. "나는 알지만 말할 수 없다."

공야장(公冶長)편 : 어짊을 추구했던 공자의 뛰어난 제자들, 공문십철

자공이 물었다. "말할 수 없는 이유가 무엇입니까?"

공자가 말했다. "내가 만약 사람이 죽은 뒤에는 아무것도 없다고 말한다면 어떻게 될 것 같은가? 자식들은 늙고 병든 부모를 돌보려 하지 않을 것이다. 죽음 이후에는 아무것도 없으므로 군이 부모를 위해 노력하고 고생할 필요가 없다고 생각할 것이기 때문이다. 반대로 이야기한다면 상황은 더 골치가 아파질 것이다. 부자들은 사후세계를 위하여 살아 있는 사람을 순장하려 하고 금은보화를 함께 무덤에 묻을 것이다. 그래서 나는 사후세계의 존재에 대해 말할 수 없다."

자공이 이어서 말했다. "스승님, 저에게만 솔직하게 말씀해 주십시오. 아무에게도 말하지 않겠습니다."

공자가 대답했다. "훗날 죽게 되면 자연히 알게 될 것이다."

공자는 죽음에 대해서는 입을 꾹 다물고 더 이상 말하지 않았다.

공자는 사후세계의 존재에 대해 고민하지 않았다. 그가 고민했던 지점은 자신의 답변이 사회에 끼칠 영향과 파장이었다. 사후세계는 그것이 있건 없건 간에 문젯거리만 생산해내는 증명할 수 없는 영역이다. 그리고 사후세계의 일은 사후에나 알 수 있는 일이다. 포기할 줄 모르는 자공의 질문에 공자는 태연하게 대답했다. "훗날 네가 죽게 되면 자연히 알게 될 것이다."

나를 살리는 논어 한마디

호기심 강한 자공은 질문이 많았다. 얼마나 질문을 많이 했으면 공자가 이런 말을 했을까? "나는 그럴 겨를이 없다." 자공은 궁금한 것이 생길 때마다 공자에게 질문 공세를 펼쳤다.

공자의 총애를 받았던 안회는 자공과 대조적인 인물이었다. 안회는 자공처럼 이해할 수 없을 때마다 질문하지 않고 스스로 답을 찾으려고 노력했던 제자였다. 안회가 통달한 사람이었다면 자공은 세속적인 사람이었다. 안회는 자공과 달리 세상일에 관심이 없었다. 공자는 본질에만 집중하는 안회를 높이 평가했다.

마음 채우기

공자는 자신이 알고 있는 것, 강조하고자 하는 것 이외의 것은 섣불리 이야기하지 않았다. 말이 많고 떠벌리는 것을 좋아하지 않았던 공자다운 모습이다. 그렇기에 3천 명의 제자들이 시시때때로 궁금한 것을 물어도 때로는 '나는 모른다', '나는 알지 못한다', '훗날 알게 될 것이다'라는 말로 대답을 회피했다. 이는 현명한 자의 처세다. 주변에는 잘 알지 못하면서도 '모른다'는 것이 창피해 얕은 지식으로 얼버무리는 사람들이 있다. 공자의 말대로 '모르는 것을 모른다고 하는 것이 진정으로 아는 것'이다.

공야장(公冶長)편 : 어짊을 추구했던 공자의 뛰어난 제자들, 공문십철

"적절한 시기와 때를 맞춰 과녁을 겨냥하라."

_유 공 유 문 唯恐有聞

자로는 들은 말을 아직 실천하지 못하면 다른 말을 들을까 두
려워했다.

子路有聞, 未之能行, 唯恐有聞.

자로유문, 미지능행, 유공유문.

공자가 가는 곳이라면 어디든지 가겠다는 충직한 제자 자로의
이야기가 다시 등장했다. 자로는 솔직하고 대담해서 행동이 빨랐
다. 자로는 한 번 옳다고 생각되면 잠시도 지체하지 못하는 성격
이었다. 그래서 스승이 한 말을 즉시 행동에 옮겼다. 배운 것을 즉
시 실천하지 못하면 다른 말을 들을까 두려워했다. 즉, 자신이 제
대로 익히지 못했을 때는 새로운 것이나 생각을 받아들이기 싫어

하고, 자신이 이전에 배운 것을 제대로 익힐 때까지 미뤘다. "유공유문"은 좋은 말을 들을까 두렵다는 뜻이다. 배운 것을 아직 실천하지도 못했는데 또다시 배울 만한 좋은 말을 듣는다면 부담으로 다가온다는 의미이다.

자로가 공자에게 들은 것을 즉시 행동으로 옮겨야 하는지 물었다. 공자는 "부모와 형제가 있는데, 어찌 들은 것을 곧바로 행동할 수 있겠느냐?"라고 말하며 신중하게 결정하라고 했다. 하지만 같은 질문을 했던 제자 염유에게 공자는 다른 답변을 내놓았다. "들었으면서 당장 행동에 옮겨야지 뭘 꾸물대는 것이냐?" 성격이 급한 자로는 일을 성급하게 처리하는 사람이었다. 반면 성격이 느긋한 염유는 생각이 많고 행동이 느렸다. 이처럼 공자는 제자들의 성격에 따라서 완전히 다른 답변을 내놓는 세심한 사람이었다.

자로는 꾸준히 자신을 단련했다. 자로처럼 어떤 지식을 알게 된 뒤 즉시 행동에 옮기기는 쉽지 않은 일이다. 진정한 깨달음이란 머리로 하는 것이 아니라 행동으로 실천하는 것이다. 실천이 없다면 배운 지식의 일부분만 받아들였다고 볼 수 있다.

'판덩독서'에서 종종 이런 질문을 받는다. "왜 책을 열심히 읽었는데도 제 인생이 바뀌지 않는 거죠?" "이 책에 나온 방법대로 했는데도 왜 아무 효과가 없는 거죠?" 다소 성격이 급한 독자들이다. 공자는 '학이시습지'를 강조했다. 배움은 오랜 시간 동안 서서히 익혀나가는 과정이다.

　인격을 쌓기 위해서는 배운 것을 꾸준히 실천하고 단련하고 연습해야 한다. 그리고 이렇게 배운 것을 수련하는 과정에서 우리는 종종 또 다른 배움의 기회를 만나기도 한다. 따라서 수련과 배움은 서로 반복되며 시너지 효과를 발휘해 우리들의 인격 향상을 도모할 것이다. 성급하게 당장 변화가 일어나기를 바라는 태도는 일을 그르칠 수 있다. 배움과 수련의 상승 곡선은 처음에는 완만해 보일 수 있기 때문이다. 배움이 더뎌 보여도 차분히 때를 기다리고 과녁을 정확하게 조준할 자세로 단련해야 한다. 배움과 실천에는 적절한 시기가 있기 때문이다.

　배운 내용을 곧바로 실천하려는 자로의 모습은 물론 본받을 만하다. 그러나 배운 것이 정확한지 확인도 하지 않은 채 실천하는 행동은 실수를 불러올 수 있다. 경영인 중에서 자로와 비슷한 성격을 가진 사람들이 있다. 선진국의 최신 경영 이론들을 학습해 자기가 관리하는 조직에 곧바로 적용하는 경영인들은 그 이론이 제대로 활용되는지 검증도 하지 않은 채 또 다른 최신 경영 이론을 찾아 나선다. 이런 일이 반복된다면 의욕적으로 업무를 추진했던 조직원들은 회의감에 빠질 수밖에 없다. 경영인은 배우고, 익히는 것 못지않게, 다른 사람들의 처지에서 생각하는 아량이 필요하다.

마음 채우기

공자는 항상 중용의 도를 강조했다. 염유처럼 배운 것을 머릿속에서 생각하는 데만 치중한 나머지 실천을 게을리하거나, 성격 급한 자로처럼 배운 것을 즉시 실천하는 것도 조심해야 한다. 중용의 도를 이루려면 자신만의 독립적이고 명확한 판단력을 갖추고 인내심 있게 기다리면서 때가 되면 과감하게 일을 밀고 나가는 추진력이 필요하다. 경영인이라면 반드시 갖추어야 할 덕목이 '중용의 도'인 것이다.

자로는 실천을 서둘렀지만, 배움에는 느긋했다. 그는 '듣는 것(배움)'과 '행동하는 것(실천)'은 서로 다른 문제라고 생각했다. 하지만 명나라 유학자 왕양명은 자로와 반대로 배움과 실천이 일치해야 한다는 '지행합일知行合一'의 중요성을 강조했다. 여기서도 공자의 지혜가 필요하다. 배움과 실천에도 중용의 도가 필요한 것이다.

"질문을 부끄러워하지 마라.
일상의 배움은 늘 가치 있는 행동이다."

_불치하문 不恥下問

자공이 묻기를 "공문자를 어째서 문이라 부르는 겁니까?"
공자가 대답하길 "민첩하면서 배우기를 좋아하고, 아랫사람에게 질문하는 것을 부끄러워하지 않아서 문이라 부르는 것이다."
子貢問曰 "孔文子, 何以謂之文也?"
子曰 "敏而好學, 不恥下問, 是以謂之文也."
자공문왈 "공문자, 하이위지문야?"
자왈 "민이호학, 불치하문, 시이위지문야."

자공의 질문은 끝이 없다. 자공이 공자에게 물었다. "위나라의 관리 공어孔圉가 죽은 뒤에 '문文'이라는 시호를 받은 이유가 뭡니까?"

시호諡號는 덕망이 있는 왕이나 사대부들이 죽은 뒤에 그의 공덕을 높여 부르는 이름이다. '문'은 주로 왕처럼 높은 지위에 있던 사람들에게 붙이던 시호였다. 옛 문헌에는 "하늘과 땅을 다스리는 것"을 '문'이라 한다는 글귀가 있다. 옛글이 전하는 대로 하늘과 땅, 즉 천하를 다스릴만한 능력이 있는 사람에게 '문'이라는 시호를 붙였다.

자공은 왕도 아닌 일반인이었던 공어가 '문'이라는 시호를 받은 이유를 물었다. 그러자 공자는 공어가 "민첩하면서 배우기를 좋아하고, 아랫사람에게 질문하는 것을 부끄러워하지 않아서 문이라 부르는 것이다"라고 말했다.

공어는 위나라 임금 영공과 출공을 보좌했다. 공자가 위나라에 있을 때는 공어가 찾아와 배움을 청했다. 그래서 공자는 "내가 본 바에 따르면 공어는 총명해 경지가 꽤 높았는데도 불구하고 배우기를 좋아했고, 모르는 것이 있으면 자신보다 신분이 낮은 사람에게도 가르침을 청하길 서슴지 않았다"라고 말했다.

배움에 대한 공어의 태도는 신분을 초월했다. 아랫사람에게 질문하는 것을 부끄러워하지 않기는 쉽지 않은 일이다. 그리고 공자의 답변은 자공을 위한 충고이기도 했다. 질문을 좋아하는 자공에게 궁금한 것이 있으면 나에게만 질문하지 말고 다른 사람들과 함께 토론하며 답을 찾기 위해 노력하라는 의미였다.

아랫사람에게 배움을 청하는 사람들은 많지 않다. 대부분은 자신의 위치에 따른 대우를 받고 싶어하기 때문에 아랫사람에게 고개를 숙이는 것을 부끄러워한다. 자존감이 낮기 때문이다. 열등감이 많은 사람은 항상 자기가 모든 상황을 통제하려는 모습을 보인다. 팀원들 앞에서 그는 전지전능한 사람이 되려고 한다. 하지만 현실적으로 모든 일을 통솔할 수 있는 사람은 없다. 각자의 특성에 따른 전문성을 추구할 때 조직은 발전할 수 있다. 자기 분야가 아닌 문제를 아랫사람에게 묻는 것은 전혀 부끄러운 일이 아니다.

마음 채우기

공자의 말은 배움에는 높고 낮음이 없다는 뜻과 함께 자존감을 키우라는 의미를 동시에 담고 있다. 부유한 상인이었던 자공은 학문의 수준도 높았다. 따라서 자신보다 낮은 사람에게 질문하는 것을 자존심이 상하는 일이라 받아들였을 것이다. 그래서 공자는 자공이 자존감이 부족했다고 생각했던 것 같다. 다시 한번 말하지만 배움에는 귀천이 없다.

"공손과 공경, 은혜와 의로움, 인생을 풍요롭게 하는 네 가지."

_유군자지도사언有君子之道四焉

공자가 자산에 대해 말하길 "군자의 도 네 가지를 가지고 있으니, 행동이 공손하고 윗사람을 공경하며, 백성에게 은혜를 베풀고 백성을 의롭게 다스렸다."

子謂子産 "有君子之道四焉: 其行己也恭, 其事上也敬, 其養民也惠, 其使民也義."

자위자산 "유군자지도사언: 기행기야공, 기사상야경, 기양민야혜, 기사민야의."

춘추시대 정나라의 정치가였던 자산子産은 공자로부터 인정을 받은 제자였다. 공자는 그를 군자의 네 가지 덕목에 부합하는 사람이라 평가했다.

첫 번째 군자의 덕목인 "행동이 공손하다"라는 것은 태도가 단정하고 상냥하며 차분한 것을 말한다. 두 번째인 "윗사람을 공경한다"라는 덕목은 말 그대로 윗사람을 존경하고 겸손하게 행동하는 것을 말한다. 세 번째 덕목은 "백성에게 은혜를 베푸는" 것이다. 지금으로 치자면 국민의 복지와 민생을 챙기는 것이라 할 수 있다. 마지막 덕목인 "백성을 의롭게 다스렸다"라는 것은 나랏일을 위해 백성들을 함부로 동원하지 않았다는 뜻이다.

군자의 마지막 덕목을 좀 더 살펴보자. 고대에는 성을 쌓거나 궁궐을 짓는 등 나라의 토대가 되는 기간산업을 위해 백성들을 동원해야 했다. 현명한 군주는 백성들의 민생을 살피며 적당한 때에 그들의 노동력을 동원했다. 『논어』〈학이〉 편에는 "적절한 시기에만 백성을 부려야 한다"라는 문장이 있다. 모내기나 수확을 하느라 바쁜 농번기에 백성을 동원하지 말라는 뜻이다. 만약 농번기에도 백성을 동원해야 한다면 그에 걸맞은 혜택을 돌려주어야 한다.

자산은 중국 최초의 성문법인 형정刑鼎을 제정해 인습적인 귀족 정치를 배격했다. 형정은 당시 춘추시대에 보편화된 법전 편찬과 법치 확립의 효시가 됐다. 자산은 또한 토지 제도를 정비해 농민 생활 수준을 향상시켰다. 백성들이 잘사니 국가의 재정도 튼튼해졌다. 이로 인해 자산은 백성들로부터 칭송을 받았다.

나를 살리는 논어 한마디

마음 채우기

군자의 도는 공손함, 공경심, 은혜로움, 의로움 네 가지로 거론할 수 있다. 공자는 자산이 이 네 가지 덕목을 갖춘 사람이라 평가했다. 자산은 제나라의 안영晏嬰, 진晉나라의 숙향叔向 등과 함께 손꼽히는 현명한 정치가로 평가받는다.

"타인에게 주는 따스한 빛은 곧 나를 밝히는 빛이 된다."

_구이경지久而敬之

공자가 말하길 "안평중은 사람과 사귀는 걸 잘하여 오래도록 공경하였다."

子曰 "晏平仲善與人交, 久而敬之."

자왈 "안평중선여인교, 구이경지."

춘추시대 제나라 때 벼슬자리인 대부를 맡았던 안영에 대한 이야기이다. 안영의 시호諡號는 평平으로 보통 평중平仲이라고도 불렀다. 한 벌의 옷을 30년이나 입을 정도로 검소하게 생활해 백성들의 존경을 받았다. 높은 벼슬자리에서 검소하게 생활하는 것을 나타내는 '안영호구晏嬰狐裘'는 바로 여기서 비롯된 말이다.

박학다식했던 안영은 논쟁에 능했고 강직한 성품을 지녔다고 전해진다. 인의仁義로 나라를 다스릴 것을 주장했던 안영은 영공, 장공, 경공을 거치면서 60년 가까이 제나라를 위해 헌신했으며 환공을 보필했던 관중과 더불어 제나라의 뛰어난 재상의 한 사람으로 평가를 받는다.

안영에 대한 공자의 평가는 두 가지로 해석해 볼 수 있다. 첫 번째는 "안영과 함께 오래도록 사귀어도 상대방이 항상 그를 공경했다"라는 뜻으로 안영에 대한 주변인들의 평가를 말하는 것이다. 두 번째는 "다른 사람과 오래 함께 있어도 항상 공경했다"로 해석하는 것이다. 이는 안영의 인간관계를 설명하는 것으로, 상대를 어떻게 대했는지를 알 수 있다.

어떻게 해석하건 이 문장은 안영이 모든 사람으로부터 존경을 받을만한 사람이라는 것을 말해 준다. 다만 첫 번째 해석은 결과론적인 진술이다. 즉, 모든 사람이 항상 안영을 존경했다는 사실을 서술할 뿐이어서 우리는 안영의 어떤 품성 때문에 존경을 받았는지 그 이유를 알 수 없다. 하지만 두 번째 해석은 결과보다는 과정에 방점을 둔다. 안영은 상대방을 오래도록 공경했다. 이것이 바로 안영이 다른 사람들로부터 존경받는 이유였다.

그렇다면 오래도록 공경하는 법을 배워야 하는 이유는 뭘까?

공자는 "가까워지면 불손해지고 멀리하면 원망한다近之則不孫, 遠之則
怨"라고 말했다. 허물없이 지내는 인간관계는 누구나 원하는 것이
다. 하지만 너무 격의 없이 지내다 보면 상대방에게 상처를 주는
말과 행동을 하게 된다. 막역한 친구에게 우리는 농담이나 장난
을 친다. 하지만 그 정도가 심해지면 아무리 친한 친구 사이라도
상처가 남게 마련이다. 가장 가까운 사람에게도 지켜야 할 예절은
있는 것이다.

공자의 인간관계론은 "오래도록 공경하는 것"이다. 안영은 공
자의 생각을 실천한 사람이다. 그는 절친한 친구에게도 최소한의
격식을 지켰고, 친구의 인격을 존중하며 좋은 면을 칭찬하고 격려
했다. "안평중은 사람과 사귀는 것을 잘하여 오래도록 공경하였
다"라는 문장의 의미는 안영의 이러한 인간관계의 방법을 서술하
고 있다.

안영의, 그리고 공자의 인간관계론은 시대가 바뀌어도 그 의미
가 변하지 않고 있다.

나를 살리는 논어 한마디

가장 가까이 있는 사람이 가장 소중한 사람들이다. 우리는 우리에게

가장 소중한 물건은 아끼면서 사람들은 쉽게 생각하는 경향이 있다.

바로 옆에 있는 사람들을 공경하는 것, 이것은 당신이 다른 사람들로

부터 공경받는 방법이기도 하다.

"허울 좋은 인기는 껍데기일 뿐, 단단한 마음으로 내실을 채워라."

_장문중거채臧文仲居蔡

공자가 말하길 "장문중은 거북이를 기르며, 기둥머리 두공에 산을 조각하고, 동자기둥에는 수초를 그렸으니 그 지혜가 어떠한가!"

子曰 "臧文仲居蔡, 山節藻梲, 何如其知也!"

자왈 "장문중거채, 산절조절, 하여기지야!"

노나라 대부 장문중臧文仲에 관한 이야기다. 장공, 민공, 희공, 문공 등 4명의 임금을 섬긴 장문중은 삼환씨 세력이 나라를 장악하기 전까지 국정을 다스렸다. 노나라에 큰 기근이 찾아오자 그는 제나라로부터 원조를 받아내 당대의 사람들로부터 지혜롭다는 평가를 받았다고 전해진다.

장문중에 대한 공자의 말을 살펴보자. 문장에 쓰인 한자 '채蔡'는 채나라에 서식하던 거북이를 말한다. 채나라의 거북이는 세 개의 척추와 여섯 개의 날개를 갖고 있다고 전해지는데 아마도 몸집이 큰 거북에 대한 묘사에 옛사람들의 상상력이 가미된 것이라 생각된다. 아무튼 채나라의 큰 거북은 신령한 동물로 여겨져 제사를 지낼 때 사용되었다.

공자가 살았던 춘추시대에는 거북이의 등껍질로 점을 치기도 했다. 공자가 말한 "장문중은 거북이를 기르며, 기둥머리 두공에 산을 조각하고, 동자기둥에는 수초를 그렸으니 그 지혜가 어떠한가!"를 살펴보자. 장문중은 채나라에서 가져온 큰 거북의 껍질을 보관하기 위한 방을 꾸미기 위해 기둥머리에는 산 모양을 새기고 동자기둥에는 수초를 그려 넣었다. 한마디로 장문중이 쓸데없이 사치스러운 보물창고를 만들었고, 공자는 이런 장문중의 태도를 비판했다. 아마도 공자는 이런 말을 하고 싶었을 것이다. "장문중의 생각에 분명 문제가 있다. 거북이를 키우는 방을 이렇게까지 사치하게 꾸밀 이유가 무엇이냐? 거북이를 기르는 데 열중해 이성을 상실했으니 어찌 지혜롭다고 할 수 있겠느냐?"

공자는 아무 의미도 없는 일에 공을 들이는 일에 대해 탄식했다. "그 지혜가 어떠한가?"라는 공자의 말은 반어법이다. 당대의 사람들이 장문중을 지혜롭다고 평가한 것에 대한 한탄이다.

공자는 귀신을 모시는 민간신앙을 배격했다. 거북의 등껍질로 점을 치는 일도 마찬가지다. 공자는 인간의 도에 힘을 쏟지 않고 점을 치고 귀신에게 아첨하는 것이 어찌 지혜로운 일이냐고 반문하는 것이다. 물론 지금은 거북이 등껍질로 점을 쳐서 국정을 살피는 일 따위는 하지 않고 있다. 그러함에도 불구하고 이 문장을 다시 살펴보는 것은 지금 이 시대에도 아무 의미 없는 일에 많은 공을 들이는 사람들이 여전히 많기 때문이다. 큰일을 하는 사람들은 대중의 인기에 영합하지 않고 올곧은 길을 가는 용기가 있어야 한다.

"충성, 청렴. 그 어떤 것도
어짊이 없다면 허상일 뿐이다."

_미지, 언득인未知, 焉得仁

자장이 묻기를 "영윤 자문은 세 번이나 벼슬에 나가 영윤이 되었으나 기뻐하는 기색이 없었고, 세 번 벼슬을 그만두었으나 화가 난 기색이 없었습니다. 그리고 전임 영윤의 정사를 반드시 새로 온 영윤에게 알려주었으니 어떻습니까?"

공자가 대답하길 "충성스럽다!"

자장이 묻기를 "어질다고 할 수 있습니까?"

공자가 대답하길 "모른다. 어찌 어질다고 할 수 있겠느냐?"

자공이 묻기를 "최자가 제나라 군왕을 시해하자 진문자는 가진 말 10승을 버리고 떠나 다른 나라에 가서 말하기를 '우리 대부 최자와 같다!'라고 말했습니다. 그리고 또 다른 나라에 가서도 '우리 대부 최자와 같다!'라고 말했습니다. 어떻습니까?"

공자가 대답하길 "맑구나!"

자장이 묻기를 "어질다고 할 수 있습니까?"

공자가 대답하길 "모른다. 어찌 어질다고 할 수 있겠느냐?"

공야장(公冶長)편 : 어짊을 추구했던 공자의 뛰어난 제자들, 공문십철

子張問曰 "令尹子文, 三仕爲令尹, 無喜色; 三已之, 無慍
色. 舊令尹之政, 必以告新令尹. 何如?"

子曰 "忠矣!"

曰 "仁矣乎?"

曰 "未知, 焉得仁?" "崔子弑齊君, 陳文子有馬十乘, 棄
而違之. 至於他邦, 則曰 '猶吾大夫崔子也!' 違之. 之一
邦, 則又曰 '猶吾大夫崔子也!' 違之. 何如?"

子曰 "淸矣!"

曰 "仁矣乎?"

曰 "未知, 焉得仁?"

자장문왈 "령윤자문, 삼사위령윤, 무희색; 삼이지, 무온색. 구령
윤지정, 필이고신령윤. 하여?"

자왈 "충의!"

왈 "인의호?"

왈 "미지, 언득인?"

"최자시제군, 진문자유마십승, 기이위지.

지어타방, 즉왈 '유오대부최자야!' 위지.

지일방, 즉우왈 '유오대부최자야!' 위지. 하여?"

자왈 "청의!"

왈 "인의호?"

왈 "미지, 언득인?"

『논어』에서 한자 '사師'는 주로 자장을 지칭한다. 진나라 사람 자장은 공자의 제자 전손사를 말한다. 이번 문장은 두 사람에 대한 자장과 공자의 대화이다.

자장이 공자에게 물었다. "영윤 자문은 세 번이나 벼슬에 나가 영윤이 되었으나 기뻐하는 기색이 없었고, 세 번 벼슬을 그만두었으나 화가 난 기색이 없었습니다. 그리고 전임 영윤의 정사를 반드시 새로 온 영윤에게 알려주었습니다. 어떻습니까?"

'영윤 자문'은 초楚나라 재상 자문子文을 지칭한다. 문장을 쉽게 풀이하면 다음과 같다. 자문은 세 번이나 재상으로 등용되었으나 기뻐하는 기색이 없었고, 세 차례나 재상 자리에서 파면되었으나 화가 난 기색이 없었다. 자문은 어떤 상황에서도 흔들리지 않는 굳건한 사람이었다.

세 번에 걸쳐 고위 관직에 오르는 일은 찾아보기 힘든 사례다. 하지만 우리는 살면서 한 번쯤의 이직 경험이 있을 것이다. 그리고 평생 한 직장을 다닌 사람들이라도 부서 이동의 경험은 있을 것이다. 다니던 직장을 그만두거나 부서를 옮길 때 사람들은 어떤 행동을 할까? 많은 사람이 자신의 앞일을 신경을 쓸 뿐 자신이 맡았던 업무의 인수인계는 소홀히 할 것이다. 자신이 원하는 이직이나 부서 이동이 아닐 경우는 더욱 그러할 것이다.

세 번이나 한 나라의 재상이 되었던 자문은 해임될 때마다 후임자에게 영윤의 정사에 대한 업무인계를 반드시 알려주었다. 자공은 자리에 연연하지 않고 굳건했던 자문에 대한 평가를 공자에게 물었다. 이에 공자가 대답했다. "충성스럽다!"

자장의 질문이 이어졌다. "그렇다면 자문이 어질다고 할 수 있습니까?" 공자의 제자들은 '어짊'을 사람을 평가하는 가장 높은 덕목으로 생각했다. 그들은 다가서기 힘든 어짊의 경지에 이르고자 몸과 마음을 수련했다. 모범이 될 만한 어진 사람을 찾던 자장은 공자에게 "영윤 자문은 어진 사람입니까?"라고 물었다. 공자의 대답은 "모른다"였다.

영윤 자문은 나라를 사랑하고 군왕에게 충성한 사람임이 분명하지만, 공자가 봤을 때 이것은 한 나라의 재상이라면 당연히 해야 하는 일이었다. 공자도 자문처럼 여러 번 관직에 올랐다가 파면당한 경험이 있다. 공자가 생각하기에 맡은 바 직책을 충실하게 수행하는 것은 어짊의 경지에 다다르지 않아도 할 수 있는 일이었다. 그래서 공자는 영윤 자문이 충성스러운 사람인 것은 분명하지만 어짊에 이르렀는지는 알 수 없다고 말한 것이다. 어짊은 내면의 상태다. 공자가 자주 강조했듯이 내면의 어짊은 쉽게 평가할 수 있는 것이 아니다.

나를 살리는 논어 한마디

다음은 '최저의 난'과 연관된 진나라 사람 진문자陳文子에 관한 이야기다. 최자崔子로 불렸던 최저崔杼가 제나라 군왕 장공莊公을 시해한 사건을 '최저의 난'이라고 한다. 제나라 대부였던 진문자는 최저의 난을 피해 다른 나라로 도피했다.

"최자가 제나라 군왕을 시해하자 진문자는 가진 말 10승을 버리고 떠나"라는 구절에서 '말 10승'은 10대의 마차를 말한다. 문장에 쓰인 한자 '위違'자는 떠난다는 의미이다. 마차가 10대였으니 그에 따른 말은 40필은 족히 되었을 것이다. 이를 보아 진문자는 가진 재산이 많은 사람이었다. 하지만 목숨이 위태로워지자 모든 재산을 남기고 급히 떠날 수밖에 없었다. 난을 피해 다른 나라에 도착한 진문자는 다른 나라의 상황을 보고 다음과 같이 말했다. "우리 대부 최자와 같다!" 즉, 다른 나라 역시 신하가 군왕을 시해할 정도로 국정이 문란했다는 뜻이다. 그래서 진문자는 또 다른 나라로 떠났다. 하지만 또 다른 나라 역시 진문자의 눈에는 실망스러웠다. 새로운 나라에 도착한 진문자는 똑같은 말을 반복했다. "우리 대부 최자와 같다!"

자장이 공자에게 물었다. "세상을 한탄했던 진문자는 어떻습니까?" 공자가 대답했다. "맑구나!" 공자는 진문자가 청렴한 사람이라고 생각했다. 역시 이번에도 자장의 질문은 이어진다. "진문자

공야장(公冶長)편 : 어짊을 추구했던 공자의 뛰어난 제자들, 공문십철

는 어진 사람입니까?" 공자 역시 똑같이 대답했다. "모른다. 내가 어찌 알겠느냐?" 어짊에 관한 질문을 받을 때마다 공자의 대답은 비슷했다. 그 사람이 한 일이 도의에 부합했다고 하더라도 어짊의 경지에 이르는 것과는 다른 것이다.

공자는 영윤 자문을 충성스럽다고 했고, 진문자는 청렴하다고 평가했다. '충성'과 '청렴'은 어떤 차이가 있을까? '충성'은 나라를 사랑하는 것이고, '청렴'은 명예를 중요하게 여기는 것이다. 다시 말해 나라를 위해 국정을 올바르게 처리하는 것이 '충성'이고, 자기 자신의 명예와 결백을 중요하게 생각하는 것이 '청렴'인 것이다. 명예와 충성은 모두 세상에 대한 어떤 마음가짐이라는 점에서는 같다. 즉, 내면의 어짊과는 다른 것이다.

최저의 난을 떠오르게 하는 고사성어가 있다. 주나라 주공의 이야기로 '토포악발吐哺握髮'이라는 말이 전해진다. 주나라는 무왕이 은나라의 주왕을 물리치고 세운 나라다. 혼란한 정세가 안정될 무렵 무왕이 세상을 떠났다. 나이 어린 성왕이 제위에 오르자 정국은 다시 요동친다. 이때 무왕의 동생이자 성왕의 삼촌이었던 주공이 성왕의 섭정이 되어 국정을 다스리자 다시 평화를 되찾았다.

토포악발은 주나라 주공의 말이다. 주공은 자신이 머리를 감고 있을 때 누군가가 정사를 보고하면 머리카락을 잡은 채로 나가서 일을 의논했고, 밥을 먹고 있을 때 누군가가 업무를 보고하면 즉시 입속에 있던 젓가락을 내려놓고는 손님을 맞이했다고 말했다. 백성들의 민심을 수습하고 국정을 보살피는 일에 헌신을 다하는 모습을 토포악발이라고 한다.

그렇다면 주나라 주공은 어진 사람이었을까? 혹자는 주공의 토포악발이 다른 의도가 숨겨져 있다고도 말한다. 어린 성왕을 섭정하는 상황이니 세간에는 주공이 군왕을 죽이고 왕권을 찬탈할 것이라는 소문이 돌았다. 주공은 이런 소문을 차단하기 위해 토포악발이라는 말을 만들어냈다는 것이다. 물론, 이런 이유가 아닌 순수한 마음으로 토포악발을 했더라도 공자는 주공을 어질다고 말하지는 않았을 것이다. 사람의 내면은 제대로 평가하기 어렵기 때문이다.

공자가 이야기하는 어짊의 경지는 어떠했을까? 감히 상상조차 하기 힘든 일이다. 충성, 청렴. 그 어떤 것도 공자가 생각하는 '어짊의 경지'에 오르지 못한다. 나라를 위해 충성하고 백성을 위해 청렴한 것은 그 자리에 올랐다면 당연히 해야 할 일이다. 갈고 닦아 노력하는 것이 아니라, 자신에게 주어진 업무이니 그 도리를 다 하는 것뿐이다. 공자는 그런 태도를 '어질다'고 보지 않았다. 어짊은 밥을 먹듯 사소한 일상에서도, 누군가의 시선이 머물지 않는 곳에서도 꾸준히 이루어져야 할 고도의 태도인 것이다.

"생각하고 또 생각하라. 그리고 행동하라."

_재, 사가의再, 斯可矣

계문자는 세 번 생각한 뒤에 행동했다.

공자가 그 말을 듣고는 말하길 "두 번이면 된다!"

季文子三思而後行.

子聞之, 曰 "再, 斯可矣!"

계문자삼사이후행.

자문지, 왈 "재, 사가의!"

문공을 비롯해 노나라의 임금 4명을 섬겼던 계문자季文子는 신중하고 검소하며 청렴한 재상으로 알려져 있다. 계문자의 신중함에 대한 공자의 평가를 살펴보자.

세 번 생각한 뒤에 행동했다는 계문자에 대해 공자는 "두 번이면 된다"라고 말했다. 공자의 말은 두 가지로 생각해 볼 수 있다. 우선 공자의 말을 문자 그대로 해석해 보자. 문장에 적힌 한자 '삼 三'은 여러 번을 의미한다. 계문자는 어떤 일을 할 때 최소 세 번 이상 생각했다. 이에 공자는 생각은 두 번이면 된다고 말했다. 공자는 생각이 너무 많으면 행동할 수 없으니 한 가지 일을 두 번 정도 고민하면 충분하다고 말한 것이다.

두 번째는 상반된 해석이다. 공자가 노나라 재상 계문자가 세 번 생각한 뒤에 행동한다는 것을 들었다. 이에 공자는 세 번 생각해도 잘 모르겠다면 재차 고민해야 한다고 말했다. 어떤 일을 하건 신중하게 생각하고 접근하라는 뜻이다.

어떤 해석이 옳다고 말할 수는 없다. 각자의 상황에 맞는 답을 찾아 자기 삶에 실천하는 것이 중요하다. 가령 너무 우유부단한 사람이라면 첫 번째 해석에 귀 기울일 필요가 있다. 반대로 너무 성급한 사람에게는 두 번째 해석을 받아들여야 할 것이다.

마음 채우기

생각이 많으면 우유부단해질 수 있다. 공자의 대답은 계문자의 우유부단함에 대한 비판이다. 우유부단함의 극치를 풍자한 속담을 읽으며 공자의 문장을 되새겨보자.

"집을 지을 때 행인과 상의하면 3년이 지나도 완성하지 못한다."

"때론 바보처럼, 때론 어눌하게 사는 것이 삶의 지혜로운 처세술이다."

_우, 불가급야愚, 不可及也

공자가 말하길 "영무자는 나라에 도가 있으면 지혜로웠고, 나라에 도가 없으면 어리석었다. 그 지혜는 따라갈 수 있으나 그 어리석음은 따라갈 수가 없구나!"

子曰 "甯武子, 邦有道, 則知; 邦無道, 則愚. 其知, 可及也; 其愚, 不可及也!"

자왈 "녕무자, 방유도, 즉지; 방무도, 즉우. 기지, 가급야 기우, 불가급야!"

어리석음에 대한 사자성어는 많다. 아는 것이 없어 어둡다는 의미의 '무지몽매無知蒙昧', 소귀에 경 읽기 '우이독경牛耳讀經', 한자 '어'와 '노'를 분간하지 못할 정도로 어리석다는 뜻의 '어로불변魚

魯不辨', 농기구 고무래를 앞에 두고도 한자 '정'을 알지 못할 정도로 아둔하다는 뜻의 '목불식정目不識丁' 등등. 이번 문장에 등장하는 '우불가급愚不可及'도 마찬가지. 어느 사람과 비교해도 아주 어리석다는 뜻이 있는 우불가급에 대해 알아보자.

사자성어 우불가급에 얽힌 본래 이야기는 지금 우리가 알고 있는 뜻과 정반대되는 사연을 갖고 있다. 위나라의 대부를 지냈던 '영무자甯武子'의 처세술에 관한 이야기다. 공자는 영무자의 현명함을 칭찬했다.

"나라에 도가 있으면 지혜로웠고"라는 구절에서 '도가 있는' 상황은 나라가 평탄한 때를 말한다. 국정을 살피는 관리들이 청렴할 때 능력 있는 사람들은 제 뜻을 마음껏 펼칠 수 있다. 영무자도 마찬가지였다. 위나라가 안정적일 때 영무자는 중상모략을 걱정하지 않고 소매를 걷어붙이고, 있는 힘껏 능력을 발휘해 나라에 공헌했다.

"나라의 도가 없으면 어리석었다"라는 구절은 위 구절과 반대되는 상황이다. 나라에 도가 없다면 관리들의 부정부패가 만연해 국정이 혼란스럽고, 임금이 자신의 권력을 사적으로 사용해 나라의 법과 제도가 흔들리게 된다. 영무자는 진晉나라가 공격해 오자 초楚나라와 진陳나라로 달아났다. 그가 목숨을 부지할 수 있었던 것은 자신의 재능을 감추고 무지몽매한 사람처럼 행동했기 때문이다.

나를 살리는 논어 한마디

공자가 영무자에 대해 말했다. "그 지혜는 따라갈 수 있으나 그 어리석음은 따라갈 수가 없구나!" 문장에서 "어리석음은 따라갈 수 없다"라는 것은 영무자의 어리석음을 말하는 것이 아니다. 공자는 난세에 직면했을 때 어리석은 척 행동을 했던 영무자의 처세술처럼 지혜롭게 행동하지 못했다고 한탄했던 것이다. 지혜는 배워서 익히고 실천하고 응용할 수 있다. 하지만 어리석은 척하는 것은 배워서 할 수 있는 행동이 아니다.

공자는 상황에 따라 행동하며 자신의 이익을 챙기는 부류의 사람은 아니었다. 자신의 생각을 있는 그대로 표현하지 않으면 불편했던 성미를 갖고 있었던 그는 열국을 돌며 자신의 사상을 전파하고 이상을 실천하려 했다. 강직한 공자는 그러함에도 불구하고 영무자의 지혜로운 처세술은 부러워했다.

마음 채우기

'명철보신明哲保身'이라는 사자성어가 있다. 이치에 밝아 적절하게 행동할 수 있는 능력 덕분에 자기 몸을 잘 보전할 수 있다는 뜻이다. '우불가급愚不可及'은 본래 명철보신했던 영무자의 처세술에서 나온 사자성어이지만, 어리석게 행동했다는 부분적인 의미만 살아남아 그 뜻이 정반대가 된 기이한 사자성어이다.

"Don't look back in anger!, 지난 일에 분노하지 마라."

_원시용희怨是用希

> **공자가 말하길** "백이, 숙제는 과거의 악행을 생각하지 않았기에 원망이 드물었다!"
>
> **子曰** "伯夷, 叔齊, 不念舊惡, 怨是用希!"
>
> **자왈** "백이, 숙제, 불념구악, 원시용희!"

주나라의 전설적인 형제 백이와 숙제에 관한 이야기다. 두 형제는 본래 은나라의 왕자였지만, 두 사람 모두 왕위를 물려받지 않고 나라를 떠났다. 백이와 숙제는 주나라의 문왕이 어질다는 소문을 듣고 주나라의 신하가 되었다.

아버지가 어질다고 자식이 어질다는 보장은 없다. 문왕이 죽자 그의 아들 무왕은 상중에 군대를 소집했다. 은나라를 멸하기 위해서였다. 백이와 숙제는 무왕을 만류했다. 두 형제는 아버지의 장례를 다 치르지도 않았는데 전쟁을 벌이는 것은 효가 아니라고 입을 모았다. 하지만 무왕은 귀를 닫고 전쟁을 일으켰다. 충언을 아끼지 않은 백이와 숙제도 죽이려 들었다. 간신히 목숨을 건진 두 형제는 주나라에서 자라는 곡식을 먹지 않겠다며 수양산에서 버티다 결국 굶어 죽게 된다.

백이와 숙제는 정절을 상징하는 대표적 인물이다. 공자가 말했다. "백이, 숙제는 과거의 악행을 생각하지 않았기에 원망이 드물었다!" 두 형제가 과거의 잘못에 대해 연연하지 않았음을 공자가 크게 평가하는 것이다. 공자의 제자 자공이 두 형제의 평가를 물은 적이 있다. 공자는 다음과 같이 말했다. "어짊을 구해 어짊을 얻었는데 어찌 원망했겠느냐求仁而得仁, 又何怨" 백이와 숙제가 어짊에 뜻을 두고 실천했는데 무엇을 원망했겠냐는 뜻이다.

『루이스 헤이의 치유 수업You Can Heal Your Heart』의 저자이자 심리치료사인 루이스 헤이는 일상의 사소한 것에서부터 사랑하는 이의 죽음에 이르기까지 살아가면서 맞닥뜨리는 상실로 인한 고통을 치유하는 방법을 이야기한다. 루이스 헤이는 우리가 괴롭힘이나 부당한 대우를 당했을 때 받은 과거의 상처를 계속 떠올리는 상황을 설명한다. 과거의 상처는 자신이 의식하지 못하는 사이에 잠재의식 속에 침투해 자신의 운명을 좌지우지하며 같은 일에서 계속 실패를 하게 만든다. 그렇다면 과거의 상처를 잊는 방법은 없을까?

공자는 과거의 일들을 내려놓는 방법으로 "과거의 악행을 생각하지 않아야 한다"라고 말했다. 과거의 악행을 생각하지 말아야 하는 이유는 뭘까? 악행은 어떤 인연들과 원인이 합쳐져서 만들어진 결과다. 무수히 많은 원인이 하나로 모여야 비로소 나쁜 일이 발생할 수 있다. 그리고 이러한 원인들의 조합은 계속 변화한다. 따라서 과거의 악행을 원망하는 것은 소용이 없는 일이다. 실패한 일은 이미 지나간 과거일 뿐이다.

마음 채우기

우리가 넓은 마음으로 포용하는 자세를 갖출 수 있다면 백이와 숙제처럼 과거의 악행을 생각하지 않고 원망을 줄일 수 있을 것이다. "과거의 악행을 생각하지 않는 것"의 가장 중요한 핵심은 사심이 없는 것이다. 다른 사람과의 갈등을 사람 사이의 관계 때문이라고 보는 이유는 자기중심적이고 개인의 이익을 중요시하기 때문이다.

"자비로운 사람으로 포장된 나를 버리고 정직으로 무장한 삶을 살아라."

_숙위미생고직孰謂微生高直

공자가 말하길 "누가 미생고가 정직하다고 말했는가! 어떤 사람이 그에게 식초를 빌리려 하자 이웃집에 가서 빌려다가 주었다."

子曰 "孰謂微生高直! 或乞醯焉, 乞諸其隣而與之."

자왈 "숙위미생고직! 혹걸혜언, 걸저기린이여지."

『장자莊子』의 〈도척盜跖〉 편에는 사자성어 '미생지신尾生之信'에 대한 이야기가 있다.

노나라에 약속을 잘 지키는 것을 자랑으로 삼는 미생고라는 사람이 있었다. 그는 어느 날 사랑하는 사람을 다리 밑에서 만나기로 약속했다. 하지만 기다려도 여자는 나타나지 않았다. 때마침

장대비가 쏟아졌다. 물은 점점 높아져 허리까지 올라왔다. 하지만 미생고는 다리 기둥을 부둥켜안고 자리를 떠나지 않았다. 결국 그는 물에 빠져 죽고 말았다. 이번 문장에 적힌 한자 '미생고微生高'는 미생지신의 고사에 등장하는 미생고를 말한다.

공자가 미생고에 대해 말했다. "누가 미생고가 정직하다고 말했는가! 어떤 사람이 그에게 식초를 빌리려 하자 이웃집에 가서 빌려다가 주었다." 공자가 말하는 것은 미생고에 대한 또 다른 일화이다. 미생고의 집에는 식초가 없었다. 하지만 누군가가 식초를 빌리려 하자 미생고는 이웃집에서 식초를 빌려 그에게 주었다. 미생고의 행동은 과잉 친절일까? 분명한 것은 자기 집에 식초가 없다는 점을 감추려 했다는 것이다. 그래서 공자는 미생고의 행동이 정직하지 않다고 보았다.

정직한 죽음에 대한 옛말이 있다. "무관은 전쟁터에서 싸우다 죽고, 문관은 간언하다가 죽는다武死戰, 文死諫." 전쟁터에서 싸우다 죽는 것을 가장 큰 영광으로 생각했던 무관들은 자기 시신이 말가죽에 싸여 조정으로 돌아와야 나라를 위해 충성을 다했다고 생각했다. 그렇다면 문관에게 가장 영광스러운 죽음은 어떤 죽음이었을까? 간언하다가 죽는 것이다. 필요하다면 황제가 불쾌해하는 간언도 주저 없이 하다가 미움을 사서 죽는 것이 문관의 가치 있는 죽음이었다. 충직한 문관들은 관을 메고 조정에 들어갈 각오로 황제에게 직언을 서슴지 않았다.

진실로 정직하다는 것은 어떤 걸까? "곧은 마음이 도량이다直心是道場"라는 말이 있다. 진실로 곧은 마음은 무심해 마음이 없는 것과 같다는 의미이다. "내가 만물에 무심하면 만물에 둘러싸여 있어도 아무 상관이 없다我若無心於萬物, 何妨萬物常圍繞"는 말도 마찬가지의 뜻이다. 미생고가 만약 세상일에 마음이 없다면 다른 사람이 자신을 찾아와 식초를 빌리려 할 때 솔직하게 말했을 것이다. 상대방에게 미움을 사기 싫은 마음이 있었던 미생고는 식초를 안 빌려준다는 오해를 살까 두려워 이웃집의 식초를 빌린 것이다.

마음 채우기

정직함은 다른 사람이 자신을 어떻게 평가할지 신경 쓰지 않는 태도에서 비롯되는 것이다. 자신이 고귀한지 비천한지 신경 쓰지 않기에 일부러 다른 사람의 비위를 맞추려 하지도 않고, 있는 그대로 솔직하게 모든 사람과 마주한다. 정직함은 인생을 편안하고 단순하게 만들 수 있는 방편이 될 수도 있다.

"지나친 공손으로 위장한 악마가 아닌 불친절한 천사로 사는 지혜."

_교언영색주공巧言令色足恭

공자가 말하길 "말을 교묘하게 꾸미고 얼굴빛을 좋게 하고 지나치게 공손한 것을 좌구명이 부끄럽게 생각했다고 하는데, 나 또한 부끄럽게 생각한다. 원망을 숨기고 그 사람과 사귀는 것을 좌구명이 부끄럽게 생각했다고 하는데, 나 또한 부끄럽게 생각한다."

子曰 "巧言令色足恭. 左丘明恥之, 丘亦恥之. 匿怨而友其人, 左丘明恥之, 丘亦恥之."

자왈 "교언영색주공. 좌구명치지, 구역치지. 닉원이우기인, 좌구명치지, 구역치지."

이 문장에 등장하는 사람 '좌구명左丘明'은 『좌전左傳』이라는 책의 저자라고 전해지는가 하면, 공자보다 윗세대 사람이라는 말도 있다. 어쨌든 좌구명은 공자가 본받고 싶을 정도로 훌륭했던 인물인 것은 분명한 사실이다.

첫 구절인 "말을 교묘하게 꾸미고 얼굴빛을 좋게 하고 지나치게 공손한 것"은 웃는 얼굴로 감언이설을 늘어놓으며 아부를 떨고 굽실거리는 모습을 묘사한다. 한마디로 교언영색을 일삼는 자인데, 좌구명은 이런 사람을 좋아하지 않았고 공자 역시 좋아하지 않는다고 말한다. 이어지는 구절 "원망을 숨기고 그 사람과 사귀는 것"은 싫어하는 사람이지만 원한을 숨기고 상대방을 잘해주는 것을 말한다. 좌구명은 원한을 숨기고 상대방을 잘 대해주는 것을 부끄럽게 생각했는데, 공자 역시 좌구명과 마찬가지라고 말하고 있다.

살다 보면 본심과는 다르게 웃는 얼굴로 상대방의 비위를 맞추어 말을 해야 하는 경우가 많다. 장사꾼들이 손님 앞에서 웃는 얼굴로 상냥하게 대하지 않는다면 어떻게 장사를 할 수 있을까? 이런 상황이 바로 원망을 숨기고 사람을 대하는 것을 말한다. 까다로운 고객이 밉고 싫지만 웃는 얼굴로 상대해야 하는 서비스업 종사자들 대부분이 이럴 것이다.

물론 정직한 모습으로 상대방을 대하는 사람들도 있다. 고객의 위세에 수그러들지 않고 자신의 전문지식을 전달하는 사람들이 그러한 경우이다. 가끔은 이런 관계가 동등한 친구 사이로 발전하는 예도 목격된다. 하지만 흔한 일은 아니다.

공자의 말은 요즘 시대에 지키기 어려운 면이 있는 것은 분명하다. 공자는 성공과 명예를 인생 목표로 생각하지 않았다. 하지만 현실 생활에는 생계를 유지하기 위해 말을 교묘하게 꾸미고 얼굴빛을 좋게 하고 지나치게 공손하게 행동할 수밖에 없는 사람들이 많다. 우리는 이런 태도가 올바른 것은 아니라는 점을 숙지할 필요는 있다.

마음 채우기

사람은 더 나은 방향으로 꾸준히 나아가야 한다. 지금 생계를 위해 어쩔 수 없이 자신을 낮추면서 돈을 번다고 하더라도 꾸준히 자신을 수련해 나간다면 당당해진 모습을 미래에 발견하게 될 것이다.

"삶의 가치를 높여줄
내 안의 다이아몬드를 찾아라."

_합각언이지 **盍各言爾志**

안연과 계로가 공자를 모시고 있을 때,

공자가 말하길 "어찌 각자 너희들의 뜻을 말하지 않는 것이냐?"

계로가 대답하기를 "거마와 가벼운 갖옷을 친구들과 함께 사용해 해어지더라도 유감이 없고자 합니다."

안연이 대답하기를 "잘하는 것을 자랑하지 않고 공로를 과장하지 않으려 합니다."

계로가 말하길 "스승님의 뜻을 듣고 싶습니다!"

공자가 말하기를 "늙은이를 편안하게 해주고 친구들이 믿을 수 있게 해주고 젊은이가 그리워하도록 하겠다."

顔淵季路侍. 子曰 "盍各言爾志?"

子路曰 "願車馬衣輕裘, 與朋友共, 敝之而無憾."

顔淵曰 "願無伐善, 無施勞."

子路曰 "願聞子之志!"

子曰 "老者安之, 朋友信之, 少者懷之."

안연계로시. 자왈 "합각언이지?"

자로왈 "원거마의경구, 여붕우공, 폐지이무감."

안연왈 "원무벌선, 무시로."

자로왈 "원문자지지!"

자왈 "로자안지, 붕우신지, 소자회지."

공자의 제자 중 능력이 뛰어난 10명을 '공문십철孔門十哲'이라 한
다. 안연顔淵과 계로季路는 공문십철에 속하는 안회와 자로를 말한
다. 공자와 공문십철의 흥미진진한 대화를 살펴보자.

공자가 인생의 목표에 대해 제자들에게 질문을 던졌다.

"어째서 너희가 추구하는 바를 말하지 않는 것이냐?"

성격이 급한 자로가 먼저 대답했다.

"거마와 가벼운 갖옷을 친구들과 함께 사용해 옷이 해어지더라
도 유감이 없고자 합니다."

문장에 적힌 '거마'는 수레와 말을 뜻하고 '갖옷'은 가죽옷을 말
한다. 자로의 말은 친구들과 함께 물건을 나눠 쓰다가 망가져도
상관없다는 의미이다. 자로는 외부의 사물에 연연하지 않고 사람
의 감정을 중요하게 생각했다. 의리와 인정을 중요시하고 꾸밈없
이 솔직한 자로의 모습이 그대로 반영된 답변이라 할 수 있다.

자로의 말이 끝나자 안회가 말했다.

나를 살리는 논어 한마디

"잘하는 것을 자랑하지 않고 공로를 과장하지 않으려 합니다."

많은 일에서 성과를 이루고 공로를 쌓은 안회는 자신의 업적을 다른 사람에게 과시하지 않았다. 안회의 대답은 자신이 바라는 일을 했으니 그것으로 만족한다는 것이다. 안회는 항상 과묵하게 자기의 소임을 다하며 다른 사람들의 일도 도왔다. 박학하고 총명했기에 많은 글을 쓰면서도 겸손함을 유지했던 안회는 공자가 가장 아끼는 제자였다.

안회에 대한 공자의 믿음을 엿볼 수 있는 이야기가 하나 있다. 공자가 진나라와 채나라 사이에 있을 때 식량이 떨어지자 어느 제자가 힘들게 쌀을 구해왔다. 안회는 그 쌀로 밥을 짓고 있었다. 잠시 뒤 한 제자가 공자에게 말했다.

"안회가 혼자 몰래 밥을 먹는지 감시해야 합니다."

공자는 그럴 필요가 없다고 만류했다. 그런데 잠시 뒤에 어떤 제자가 뛰어와 공자에게 말했다.

"안회가 밥을 훔쳐 먹었습니다!"

공자가 부엌으로 가서 안회에게 말했다.

"밥이 잘 지어졌으니 먼저 조상에게 제를 올려야 한다!"

안회가 공자에게 말했다.

"이 밥으로는 제사를 지낼 수 없습니다. 밥 위에 재가 떨어졌습니다. 제가 묻은 밥을 제가 먹었습니다." 내성적인 안회는 자기가 해야 할 일을 묵묵히 하고 있었다.

문장으로 돌아가자. 안회의 말이 끝나자 자로가 다시 공자에게 물었다.

"스승님께서는 어떤 사람이 되고 싶으십니까?"

공자가 대답했다.

"늙은이를 편안하게 해 주고, 친구들이 믿을 수 있게 해 주고, 젊은이가 그리워하도록 하겠다."

당연한 이야기겠지만 자로와 안회, 그리고 공자의 경지는 달랐다. 자로는 외부 사물에 대한 미련을 버려 그것이 망가져도 연연해하지 않겠다고 했다. 자로의 답변은 자기 수련을 이어가겠다는 뜻이다. 안회는 명성에 대한 미련을 버려 다른 사람이 자신을 어떻게 바라보는지 신경 쓰지 않고 자신의 수행을 제대로 하면 그것으로 만족한다고 했다. 수련을 마쳤으니 자신이 하는 일을 묵묵히 해나가겠다는 뜻이다. 공자는 노인들을 안심시키고 싶고, 친구들이 나를 믿게 하고 싶으며, 후세 사람들이 나를 기억하게 하고 싶다고 말했다. 공자의 답변은 자기가 아닌 타인을 위한 삶을 살고 싶다는 뜻이다.

공자의 답변 중에 '노인들을 안심시키는 것'은 무엇을 말하는 것일까? 공자는 "부모가 오직 아플까만 걱정하는 것이다"라는 말을 한 적이 있다. 자기 몸이 아픈 것을 제외한 다른 일로 부모를 걱정시키지 말아야 한다는 뜻이다. 노인들을 안심시키는 것은 이렇게 연로한 부모를 편안하게 모시는 것을 말한다. 다음으로 "친구들이 믿을 수 있게 해 준다"라는 것은 친구들이 편하게 자신에게 어떤 일을 부탁할 수 있게 한다는 뜻이다. "젊은이가 그리워하도록 하겠다"라는 것은 젊은 사람들을 보살펴 그들이 자신을 기억하게 하겠다는 것을 말한다.

마음 채우기

사람들은 각자의 수준에 맞는 인생의 목표를 세우고 실천한다. 자로가 공자의 뜻을 이루기는 힘들 것이다. 하지만 안회 정도면 수련으로 공자의 경지에 이를 수도 있을 것이다. 인생의 목표를 조금 높게 잡아 보는 것은 어떨까? 다른 사람들이 자신을 그리워하는 것은 멋진 일이 아닌가?

공야장(公冶長)편 : 어짊을 추구했던 공자의 뛰어난 제자들, 공문십철

"마음 한가운데 자리 잡은 자기애를 버려라."

_자송자自訟者

공자가 말하길 "그만두자! 나는 자기 잘못을 보고서 안에서 자책하는 사람을 보지 못했다!"

子曰 "已矣乎! 吾未見能見其過而內自訟者也!"

자왈 "이의호! 오미견능견기과이내자송자야!"

공자가 탄식하며 말했다. '자기 잘못을 인정하고 자신을 비판하며 반성하는 사람을 보지 못했다!' 공자의 말이 너무 단정적인 것같다. 공자의 말처럼 자기 잘못을 스스로 반성하는 사람은 없는 것일까?

비판적 사고의 가장 높은 경지는 자기반성이다. 잘못을 저질렀을 때 사람들의 반응은 다양하다. 사람들은 대개 자기 잘못은 인정하지 않고 다른 사람이나 외부 환경의 탓으로 돌리는 경향이 있다. 자기 잘못을 알지만 인정하려 하지 않고, 다른 사람의 비판은 받아들이지 않는 사람도 있다. 그리고 자기 잘못을 알지만 상대방에게 자기 잘못이라고 밝히지 않는 사람도 있다. 비판적 사고의 가장 높은 단계는 자기반성의 모습을 겉으로 표현하는 것이다.

공자의 탄식은 비판적 사고의 가장 높은 단계를 실천하는 사람을 본 적이 없다는 것이다. 공자가 자기반성이 어렵다고 생각한 이유는 뭘까?

첫 번째 이유는 실제로 자신의 잘못을 인지하기 어렵기 때문이다. 두 번째 이유는 자기 잘못을 알고 있어도 스스로 반성하는 일은 어렵기 때문이다. 그리고 자기 잘못을 대외적으로 표현하는 것도 체면 때문에 쉽지 않다.

마음 채우기

비판적 사고를 항상 강조해 온 공자는 자기반성을 겉으로 드러내는 사람을 보지 못했다고 말했다. 비판적 사고의 최종 목표는 다른 사람을 비판하는 것이 아니라 자아비판이다. 항상 자신이 한 결정을 돌아보고, 자기 생각이 올바른 것인지 되돌아볼 수 있어야 한다.

◆◆◆

나를 살리는 논어 한마디

"좋은 사람이 되기 위한
첫걸음은 배움이다."

_불여구지호학야不如丘之好學也

공자가 말하길 "10호 정도 되는 읍에도 반드시 나처럼 충성스
럽고 믿음직스러운 사람은 있지만, 내가 배움을 좋아하는 것만
못하다."
子曰 "十室之邑, 必有忠信如丘者焉, 不如丘之好學也."
자왈 "십실지읍, 필유충신여구자언, 불여구지호학야."

공자가 언급한 10호 정도 되는 읍은 대략 열 개의 집이 있는 정
도의 작은 마을이다. 공자는 작은 마을에도 반드시 자신처럼 충성
스럽고 믿음직스러운 사람이 있다고 말했다. "내가 배움을 좋아
하는 것만 못하다"라는 구절은 이렇게 작은 마을에서 배우는 것
을 가장 좋아하는 사람은 아마도 공자 자신일 것이라는 뜻이다.

212
나를 살리는 논어 한마디

공자가 자기 자랑을 하는 것일까? 자신이 배움을 좋아하는 것을 당당히 말한 이유가 뭘까?

공자는 자신을 성인이라고 자랑한 적이 없으며, 심지어 자신이 중용의 경지에 이르렀다거나 어진 경지에 이르렀다고 말한 적이 없다. 공자는 아주 겸손한 사람이라서 평생 중용과 어짊을 추구하면서도 자신이 어질다고 말하지 않았다. 공자는 다만 배우는 것을 좋아할 뿐이라며 다음과 같은 말들을 하곤 했다.

> "아래에서 배우고 위에 이른다."
> "민첩하면서 배우기를 좋아하고, 아랫사람에게 질문하는 걸
> 부끄러워하지 않는다."
> "내가 배우길 좋아하는 것만 못하다."

공자가 자신이 배우길 좋아한다는 것을 자주 말했던 이유는 뭘까? 공자가 강조한 것은 배움에 대한 애착이다. 어짊의 경지가 높든 낮든 누구나 배울 수는 있다. 그리고 배움을 좋아한다는 것은 결과가 아닌 과정이다. 공자는 다만 자신이 배우는 것을 좋아하는 사람일 뿐이지 자신의 경지가 높다고 자랑하는 것은 아니다.

"10호 정도 되는 읍에도 반드시 나처럼 충성스럽고 믿음직스러운 사람은 있다"라고 말한 것은 공자가 충성과 신용을 높은 경지

로 보지 않았다는 뜻이다. 성실하고 정직한 사람이라면 누구나 충성스럽고 믿음직스러울 수 있다. 하지만 그렇다고 인생이 바뀌는 것은 아니다. 인생의 변화는 배움에서 시작된다.

사람들은 어떤 상황에서 배우려고 노력할까? 자신의 결과가 불만족스럽거나 자신의 상황이 좋지 않다고 생각될 때 비로소 배우려 한다. 직장에서도 마찬가지이다. 부지런히 일하며 충성스러운 사람들은 많아도 자신을 반성하고 자발적으로 학습하고 생각하려는 사람은 별로 없다. 하지만 직장에서 구조조정이 시작된다면 직원들은 살아남기 위한 모든 것들을 배우려고 달려들 것이다.

공자가 살았던 춘추시대의 백성들은 대부분이 농민이었다. 따라서 백성들 대부분은 제대로 된 교육을 받을 수 없었다. 하지만 지금의 상황은 다르다. 정보화시대를 사는 우리는 배움에 전력을 쏟는다. 상가 건물에는 학원들이 빼곡히 들어차 있고 심지어 백화점에서도 전문가의 강의가 빈번히 열린다. 배움에 뒤처진다면 정보화시대의 낙오자가 될 수 있다. 현대인들은 살아남기 위해서 배운다고 해도 과언은 아니다.

진정한 배움은 공자처럼 어떤 문제에 호기심을 가지고 고민하며 해법을 찾기 위해 노력하는 것이다. 배움을 좋아하는 공자는 이렇게 말한다. "배우고 익히는 것이 기쁘지 아니한가?" 주지하다시피 공자는 『논어』 제1편에서 배움에 대한 중요성을 말했다.

『차례대로 피는 꽃次第花開』이라는 책에 등장하는 흥미로운 대화를 하나 소개하겠다. 누군가가 작가에게 말했다. "불경을 왜 배워야 하는지는 모르겠어요. 저는 그저 좋은 사람이 되고 싶을 뿐입니다." 이에 작가는 다음과 같이 대답했다. "틀린 말은 아닙니다. 선생님이 좋은 사람이 되면 저도 무척 기쁠 겁니다. 하지만 그러기 위해서는 먼저 좋은 사람이 어떤 사람인지를 알아야 합니다. 좋은 사람에는 일련의 기준이 있으니까요. 스스로 좋은 사람이라고 생각한다고 좋은 사람인 것은 아닙니다."

마음 채우기

좋은 사람이 된다는 것도 배움에서 출발한다. 배우지 않으면 우리는 자신의 좁은 식견 안에 갇혀서 우물 안 개구리처럼 자기가 아는 세상이 전부라고 생각하는 잘못을 범하게 된다. 배움에 대한 호기심, 이것이 바로 공자가 강조해서 말하고 싶은 것이다.

"어른스러움으로
기꺼이 사회의 편견에 맞서라."

_가처야可妻也

공자가 공야장을 평가하길 "사위로 삼을 만하다. 비록 포승줄
에 묶여 있으나 그의 죄가 아니다."
자기 딸을 시집보내셨다.

子謂公冶長 "可妻也. 雖在縲絏之中, 非其罪也." 以其子
妻之.

자위공야장 "가처야. 수재류설지중, 비기죄야." 이기자처지.

『논어』의 〈공야장公冶長〉 편은 공자의 제자들에 대해서 다루고
있다. 공자는 3천여 명의 제자를 거느렸다고 전해진다. 공자와 그
제자들의 행적을 기록한 『논어』에 등장하는 제자는 대략 70여 명
이다. '칠십이현七十二賢'으로도 불리는 공자의 제자 72명 중에서

자로, 유약, 안회, 자공, 증자 등은 능력이 뛰어나기로 손꼽힌다. 이번 문장은 그 수많은 제자 중 공야장에 관한 이야기다. 성은 공야公治, 이름은 장長인 '공야장'은 뛰어난 능력을 인정받아 공자가 사위로 삼았다. 이름에 쓰인 한자 '공公'은 전국시대에 주로 관직을, '야治'는 일반적으로 장인의 신분을 지칭했다. 공야장의 비범한 재주에 얽힌 이야기가 있다.

위나라에서 노나라로 가던 길목에서 공야장은 통곡하는 한 노파를 만났다. 공야장이 그 까닭을 묻자 노인은 외출했던 아이가 돌아오지 않기 때문이라 했다. 공야장은 새들의 울음소리를 이해할 수 있는 능력이 있었다. 노파를 만나기 전 죽은 사람 고기를 먹으러 가자는 새들의 소리를 들었던 공야장은 청계로 가면 아이를 찾을 수 있을 것이라 말했다. 노파가 청계에 가니 과연 아이의 시신이 있었다. 그 노인은 이 일을 마을에 알렸고, 고을 원님은 공야장이 아이를 죽인 것이라며 그를 옥에 가두었다.

이 문장에 쓰인 "비록 포승줄에 묶여 있으나"는 위의 일화에서 나온 것이다. 옥에 갇힌 공야장이 새들이 아이가 있는 곳을 알려주었다고 설명했으나 원님은 믿지 않았다. 두 달이 지나 공야장은 새들의 소리를 다시 들었다. 백련수 아래에 수레가 뒤집혀 쏟아진 곡식들을 먹으러 가자는 새들의 지저귐이었다. 옥을 지키던 병사는 이 일을 원님에게 알렸고, 공야장의 말이 사실로 밝혀지자 공야장은 석방됐다. 이 이야기를 전해 들은 공자는 자기 딸을 공야장에게 시집보냈다.

공자의 결단이 놀랍다. 믿을 수 없는 이야기임에도 불구하고 공자는 공야장이 결백하다는 것을 알고 있었고 자신의 딸을 시집보냈다. 억울하게 옥살이한 사람을 이해하고, 동정하고, 더 나아가 그를 지지하며 출옥한 뒤 자리를 잡을 수 있도록 도움을 주는 건 어렵지 않은 일이다. 하지만 자신의 딸을 선뜻 내어줄 사람이 얼마나 될까? 엄청난 용기가 있지 않고서는 불가능한 일이다.

나대니얼 호손의 소설 『주홍글씨』는 17세기 청교도의 식민지 미국 보스턴에서 '간음하지 말라'는 기독교 계명을 어긴 죄로 '간통Adultery'을 뜻하는 진홍빛 알파벳 'A'를 평생 가슴에 달고 살아야 하는 여자에 대한 이야기다. 소설 속에 등장하는 여자 주인공의 비명碑銘에 새겨진 '주홍글씨'는 사회적인 낙인을 뜻하는 대명사로 쓰인다. 가령, 한번 교도소에 다녀온 사람들은 전과자라는 주홍글씨 때문에 사회적 편견에서 벗어나 생활하기 어렵다. 하지만 공자는 색안경을 벗고 자신의 원칙에 따라 생각하고 판단하고 행동했다.

나를 살리는 논어 한마디

마음 채우기

공자가 자신의 딸을 증빙되지 않은 인물인 공야장에게 시집 보낸 행동은 외부의 여론에 영향을 받지 않는 높은 자존감 때문이다.

『알맞은 자존감』의 공동 저자 프랑수아 를로르François Lelord와 크리스토프 앙드레Christophe André는 높은 자존감을 가진 사람은 다른 사람과 이야기할 때 비난받는 것을 두려워하지 않음을 지적한다. 자존감이 높은 사람은 일에 대해 자신만의 독립된 판단 기준을 갖고 있기 때문이다.

"두려운 것을 진정으로 두려워하는 지혜가 바로 용기이다."

_방유도, 불폐邦有道, 不廢

공자가 남용을 평가하길 "나라에 도가 있으면 버려지지 않고, 나라에 도가 없어도 형벌을 피할 것이다."
형의 딸을 시집보내셨다.

子謂南容 "邦有道, 不廢; 邦無道, 免於刑戮." 以其兄之
子妻之.

자위남용 "방유도, 불폐; 방무도, 면어형륙." 이기형지자처지.

성은 남궁南宮이고 이름은 괄括인 노나라 사람 남궁괄南宮適도 공자의 제자이다. 『시경』의 〈백규편白珪篇〉을 세 번이나 반복해 읽으며 덕을 숭상하는 사람으로 평가받는 남궁괄도 공자의 뛰어난 제자들을 일컫는 '칠십이현' 중의 한 명으로 손꼽힌다.

이번 문장은 제자 남궁괄을 평가한 공자의 말이다. "나라에 도가 있으면 버려지지 않고"라는 구절은 국가의 정치가 청렴하고 사회 환경이 좋다면 배척당하지 않을 것이라는 의미이다. 즉, 남궁괄은 태평성세太平聖歲에서 노력하여 자신의 업적을 세울 수 있는 사람이라고 평가했다.

"나라에 도가 없어도 형벌을 피할 것이다"라는 구절은 국가 정치 상황이 혼란스럽고 역적들이 들끓는 상황에서도 형벌을 피할 수 있을 것이라는 의미이다. 즉, 지혜롭고 상황에 따라 처신할 줄 아는 남궁괄은 난세에서도 나쁜 일에 연루되어 처벌받거나 옥에 갇히는 일이 없을 것이라고 공자가 평가한 것이다. 공자는 태평성세에서는 사람들을 위해서 공헌을 할 수 있고, 난세에는 자신의 일신을 보호하는 것이 지혜로운 행동이라고 보았다.

혹자들은 의문을 제기한다. 난세에서 몸을 피하고 정의를 위해 목숨을 바칠 필요가 없다는 말은 공자와 어울리지 않다는 것이다. 일단, 의로움에 대한 맹자의 말을 살펴보자.

"생선도 내가 원하는 것이고, 곰 발바닥도 내가 원하는 것이다. 두 가지를 모두 얻을 수 없다면 생선을 버리고 곰 발바닥을 얻겠다. 삶도 내가 원하는 것이고, 의로움도 내가 원하는 것이다. 두 가지를 모두 얻을 수 없다면 삶을 버리고 의로움을 취하겠다(魚, 我所欲也, 熊掌, 亦我所欲也, 二者不可得兼, 舍魚而取熊掌者也. 生, 亦我所欲也, 義, 亦我所欲也. 二者不可得兼, 舍生而取義者也)."

맹자와 공자의 관점은 다르다. 맹자와 같은 의로움에 대한 패기 있는 말을 공자에게서는 찾아보기 힘들다. 공자는 난세에는 뜻을 거두어 품고 자신의 일신을 보호하는 것이 중요하다고 보았다. 그렇다고 해서 나는 공자를 비겁한 사람으로 보는 관점에 동의하지 않는다. 공자도 의로움을 취하는 사람이었다. 공자가 해 온 일들의 면면은 의로움을 취하는 쪽에 가까웠다는 것을 알 수 있다. 하지만 그렇다고 무턱대고 목숨을 내놓는 것 또한 공자는 현명한 일이 아니라고 생각했을 것이다. 난세에 자신을 지킬 줄 아는 것은 합리적인 판단이다.

공자는 적절한 처세술을 알고 있는 남궁괄에게 형의 딸을 시집 보냈다. 옥에 갇혔던 공야장과 비교해 보자면 남궁괄의 조건이 훨씬 나은 편이었다. 남궁괄은 '나라에 도가 있으면' 큰 관직에 오르거나 장사를 할 수 있고, '나라에 도가 없으면' 형벌을 피할 수 있을 만큼 지혜롭고 처세술을 잘하며 인품도 겸비한 사람이었다. 그

런데도 공자는 형의 딸을 남궁괄에게 시집을 보내고, 친딸의 사윗
감으로 옥에서 나온 공야장을 선택했다. 공자의 원대한 도량을 확
인할 수 있는 이야기들이다.

마음 채우기

한 치 앞도 볼 수 없는 힘든 환경 속에서 삶을 선택하든 죽음을 선택하
든 모두 용기 있는 행동이다. 자신을 지키는 건 구차하게 삶을 연명하
는 것과는 다른 것이다. 구차한 것은 자신의 죄와 허물을 변명하는 것
이다. 하나뿐인 목숨을 위해 피하는 일은 비난받을 일이 아니다.

"자신의 깊이를 알지 못한다면
차라리 돌아가는 편이 낫다."

_오사지미능신 吾斯之未能信

공자가 칠조개에게 벼슬을 시키려 했다.

그러자 칠조개가 대답하기를 "저는 아직 이것을 자신할 수 없습니다."

공자가 기뻐하였다.

子使漆雕開仕. 對曰 "吾斯之未能信." 子說.

자사칠조개사. 대왈 "오사지미능신." 자열.

공자의 제자 칠조개漆雕開는 옻칠장이었다. 신분이 낮은 그는 옥살이로 인한 후유증으로 장애가 있었다고 전해진다.

공자는 교육은 귀족만 받을 수 있다는 기존의 관습에 얽매이지 않고 배우고자 하는 모든 사람을 가르쳤다. 옥살이를 했던 사람,

쉽게 말하면 전과자들에게도 공자는 배움의 기회를 주었다. 이 때문에 공자에게는 학문뿐만 아니라 각종 기술과 예능을 겸비한 다재다능한 제자들이 많았다.

공자가 칠조개에게 관직을 맡아보라고 말했다. 그러자 칠조개는 "저는 아직 자신이 없습니다. 저는 아무래도 이 일을 잘할 수 없을 것 같습니다"라고 대답했다. 신중하고 겸손한 칠조개의 태도를 본 공자는 매우 기뻤다. 칠조개는 비록 공자의 말을 따르지 않았지만, 공자는 오히려 이 일로 인해 칠조개의 마음속에 어짊이 있다고 생각했다.

대부분은 기회만 있으면 관직에 나가 권세에 빌붙고 호시탐탐 부귀영화를 누리려 할 것이다. 나랏일에 반드시 따라오는 막중한 책임을 두려워하지 않고, 오직 높은 자리만 탐내는 것이 일반적인 사람들의 특성이다. 자리가 요구하는 능력이 없다면 높은 자리에 올라간다 한들 결과는 초라해지기 마련이다.

『피터의 원리The Peter Principle』의 공동 저자 로런스 피터와 레이먼드 헐은 무능한 사람들이 계속 승진하고 성공하는 사회적 현상에 대해 파고든다. 대부분 무능함과 유능함은 개인의 역량이라고 생각한다. 하지만 두 명의 저자는 원인을 위계 조직의 메커니즘에

공야장(公冶長)편 : 어짊을 추구했던 공자의 뛰어난 제자들, 공문십철

서 찾는다. 조직에서 모든 직원은 자신의 무능력이 드러날 때까지 승진하려는 경향을 보인다. 그리고 그 위치에서 자신의 무능함을 감추려는 다양한 시도를 한다. 따라서 모든 조직은 무능한 직원들로 채워지게 된다는 것이 '피터의 원리'이다.

많은 사람이 업무에 대한 자신의 능력을 의심하지 않는다. 간혹 자신이 무능하다는 말을 듣게 된다면 승진하지 못한 사람들의 시기라고 생각한다. 이를 '피터의 역설'이라 한다. 무능한 사람은 자기 자리를 계속 고수한다. 따라서 그 사람보다 능력이 뛰어난 사람들의 진출을 막는다. 능력 있는 사람은 결국 참지 못하고 자리를 옮긴다. 이것을 '피터의 우회'라고 한다. 칠조개는 바로 피터의 우회를 떠오르게 하는 인물이다. 나랏일을 맡으라는 공자의 권유에 칠조개는 자신을 돌아보며 "능력에 자신이 없고, 긴장도 돼서 일을 제대로 할 수 있을지 걱정됩니다"라고 겸손하게 대답했다.

마음 채우기

피터의 우회와는 달리 칠조개의 우회법은 더 큰 일을 도모하기 위한 것이다. 공자도 칠조개가 사사로운 관직이 아니라 천하의 일에 관심이 있을 것으로 생각했다. 공자가 기뻐한 이유는 바로 칠조개의 큰 뜻을 알았기 때문이다. 칠조개가 개인의 이익을 챙기는 사람이라면, 관직을 승낙했을 것이다.

공자는 "자리가 없음을 걱정하지 말고 설 수 있을지를 걱정해야 한다"라고 했다. 칠조개처럼 능력이 있다면 스스로 나서지 않더라도 누군가가 자리를 권유할 것이다. 우리가 신경을 써야 하는 것은 자신의 업무를 감당할 능력이 있는지 자신을 되돌아보는 일이다.

"누구든 나를 믿고 따라와 준다면 더 멀리, 더 높이 이를 수 있다."

_호용과아, 무소취재好勇過我, 無所取材

공자가 말하길 "도가 행해지지 않으니 뗏목을 타고 바다로 떠날까 한다. 나를 따라올 사람은 유일 것이다!"
자로가 이 말을 듣고 기뻐했다.
공자가 말하길 "유는 용맹함은 나보다 낫지만, 재목으로 취할게 없다!"

子曰 "道不行, 乘桴浮於海. 從我者, 其由與!" 子路聞之喜.
子曰 "由也好勇過我, 無所取材!"
자왈 "도불행, 승부부어해. 종아자, 기유여!" 자로문지희.
자왈 "유야호용과아, 무소취재!"

문장에 쓰인 한자 '유由'는 공자의 제자인 자로를 말한다. 성격이 장비처럼 호탕하고 직설적이었던 자로는 마치 경호원처럼 스승이 가는 곳이라면 어디든지 따라다니며 보필했다. 한마디로 충직한 제자였다.

공자가 한탄하며 말했다. "도가 행해지지 않으니 뗏목을 타고 바다로 떠날까 한다." 공자는 도와 덕, 그리고 어짊이 부족한 세상을 지켜보는 일이 버티기 힘들었던 모양이다. 세상이 나아지리라는 희망을 더 이상 유지할 수 없었던 공자는 실의에 빠진다. 이 침체된 마음을 달랠 길이 없던 공자의 머릿속에 바다가 떠올랐던 것일까? 사업에 실패한 사업가가 외국으로 도피하듯, 공자는 난데없이 뗏목을 타고 바다로 떠나겠다고 자로에게 말했다. 자로라면 공자를 따라 지옥에라도 같이 갈 제자였다.

충직한 자로는 자신을 따라올 사람은 자로가 유일할 것이라는 공자의 말에 기뻐했다. 하지만 마냥 기뻐할 일은 아니었다. 공자의 다음 말은 듣는 이가 그리 기분 좋을 까닭이 없는 내용이었기 때문이다.

"유는 용맹함은 나보다 낫지만, 재목으로 취할 게 없다." 공자가 자로를 데려가겠다는 이유는 그의 학식이 높기 때문이 아니었다. 물불 가리지 않고 뛰어드는 자로는 공자가 직접 나서기 곤란한 일들을 거뜬히 해결할 수 있는 인물이었기 때문이다. 어찌 본다면 공자가 다소 괴팍해 보일 수도 있다. 자기를 끝까지 따를 제자를 칭찬한 후, 그 제자에게 '네 능력은 출중하지 않다'고 말했으니 말이다. 하지만 공자의 심성은 그리 심술궂지 않았다. 다시 한 번 말하지만 자로는 성격이 직설적이고 거칠었다. 그래서 공자는 자신의 칭찬에 기고만장해서 자로가 함부로 행동하지 않을까 걱정했기 때문에 자중하라는 뜻으로 그렇게 말을 한 것이다. 이것이 바로 공자의 세심함이다.

마음 채우기

많은 사람이 제 뜻이 잘 이루어지지 않을 때 모든 것을 버리고 어디론가 떠나고 싶어 한다. 다 때려치우고 농사나 지을까? 이민이나 가버릴까? 낚시나 하며 살까? 공자 역시 여느 사람과 다를 바 없던 지라 심란한 마음을 달래려 바다를 찾았다. 아무렴 어떨까? 자로처럼 충직한 제자가 하나라도 있다면 무엇을 하든 든든하지 않겠는가. 사람들은 언제나 누군가의 스승이 될 수 있다. 우리도 공자처럼 어디를 가든 믿을 수 있는 사람 한 명쯤은 있어야 하지 않을까?

"진정한 어짊은 입이 아닌 태도로 만들어지는 것이다."

_청기언이관기행聽其言而觀其行

재여가 낮잠을 잤다.

공자가 말하길 "썩은 나무는 조각할 수 없고, 더러운 흙으로 쌓은 담장은 흙손질할 수 없다. 재여에게 무엇을 꾸짖겠느냐!"

공자가 다시 말하길 "나는 처음에는 다른 사람에 대해서 그의 말을 듣고 그의 행동을 믿었다. 하지만 이제 나는 다른 사람에 대해서 그 말을 듣고 그 행동을 본다. 재여로 인해서 바뀌게 된 것이다!"

宰予晝寢. 子曰 "朽木不可雕也, 糞土之牆不可杇也. 於予與何誅!"

子曰 "始吾於人也, 聽其言而信其行; 今吾於人也, 聽其言而觀其行. 於予與改是!"

재여주침, 자왈 "후목불가조야, 분토지장불가오야. 어여여하주!"

자왈 "시오어인야, 청기언이신기행; 금오어인야, 청기언이관기행. 어여여개시!"

공야장(公冶長)편 : 어짊을 추구했던 공자의 뛰어난 제자들, 공문십철

안회, 자공을 비롯해 공자의 뛰어난 제자 10명을 '공문십철孔門十哲'이라 한다. 말재주가 뛰어난 재여는 공문십철의 한 사람이다. 재여는 능력은 뛰어났지만 다른 제자들에 비해 꾸지람을 많이 들었다. 장난기가 심해 엉뚱한 질문을 자주 했고, 게을러서 낮잠도 많이 잤다. 하지만 언변이 뛰어나 일찍부터 제나라의 벼슬이 됐다.

앞서 말했듯이 재여는 게을렀다. 지금도 그렇게 보는 이들이 많지만 낮잠을 자는 행위는 언뜻 나태해 보인다. 공자가 낮잠을 자는 재여를 보고 화를 내며 말했다. "썩은 나무는 조각할 수 없고, 더러운 흙으로 쌓은 담장은 흙손질할 수 없다." 얼마나 많이 화가 났으면, 제자를 썩은 나무와 더러운 흙으로 묘사했을까? 공자의 꾸지람은 계속 이어졌다. "재여에게 무엇을 꾸짖겠느냐!"

공자의 화는 아직 누그러들지 않았다. "나는 처음에는 다른 사람에 대해서 그의 말을 듣고 그의 행동을 믿었다. 하지만 이제 나는 다른 사람에 대해서 그 말을 듣고 그 행동을 본다. 재여로 인해서 바뀌게 된 것이다!" 이 문장에서는 사람에 대한 실망감도 표현돼 있다. 한 사람으로 인해 세상을 바라보는 관점이 바뀌었으니 오죽할까?

그런데 좀 궁금하지 않은가? 공자는 제자가 낮잠을 잔 일로 왜 이렇게 불같이 화를 냈을까? 문장 속에 답이 있다. 공자는 이렇게 말했다. "내가 처음에는 다른 사람에 대해서 그의 말을 듣고 그의 행동을 믿었다." 공자가 처음부터 재여를 미워했던 것은 아니다. 어떤 일을 겪은 후 공자의 태도가 바뀐 것이다. 그래서 공자는 "이제 나는 다른 사람에 대해서 그 말을 듣고 그 행동을 본다"라고 말한 것이다. 즉, 자기 제자의 말은 듣지 않고 다른 사람의 말을 믿는다는 것이다. 앞에서 이야기했지만, 재여는 공자가 인정할 정도로 언변에 능한 사람이다. 하지만 어떤 말장난으로 스승을 단단히 화나게 한 것이 분명하다. 가령, 말로는 식음을 전폐하고 학문에 정진하고 있다고 하면서 낮잠을 자는 모습을 공자에게 들킨 것은 아닐까? 도대체 재여는 어떤 말장난으로 그렇게 큰 실망감을 스승에게 안겨준 것일까?

마음 채우기

공자는 "말재주를 어디에 쓰겠는가"라며 말하며 교언영색 하는 사람을 멀리했다. 차라리 어눌한 사람이 더 신뢰감을 줄 수 있다. 공자의 제자 재여와 염옹에 대한 이야기는 말재주와 어짊의 상관관계는 일치하지 않는다는 점을 우리에게 일깨워 준다.

"나에게 부당한 일은 남에게도 부당한 법이다."

_비이소급야非爾所及也

자공이 말하길 "저는 다른 사람이 저에게 가하기를 원치 않은 일은 다른 사람에게 가하지 않으려 합니다."

공자가 말하길 "사야, 네가 미칠 수 있는 바가 아니다!"

子貢曰 "我不欲人之加諸我也, 吾亦欲無加諸人."

子曰 "賜也, 非爾所及也!"

자공왈 "아불욕인지가저아야, 오역욕무가저인."

자왈 "사야, 비이소급야!"

자공에 대한 공자의 평가는 인색하다. 자공은 자신이 무언가를 깨달았을 때마다 자기 생각을 스승에게 이야기했지만, 공자의 답변은 그리 좋은 편은 아니었다.

자공이 스승에게 말했다. "저는 다른 사람이 저에게 강요하기 싫어하는 일은 다른 사람에게 강요하지 않습니다." 자공의 말은 "자신이 하기 싫은 일은 다른 사람에게 베풀지 말라己所不欲勿施於人" 라고 했던 공자의 말과 뜻이 일맥상통하는 문장이다. 따라서 자공은 공자에게 칭찬받으리라 예상했을 것이다. 자기 자신도 이제야 스승의 뜻을 깨달았다는 기쁨에 찬 자공의 말이었지만 공자는 찬물을 끼얹었다. "너는 그렇게 할 수 없다."

공자는 자공이 자기 자신이 한 말을 지킬 수 없다고 말했다. 깨달은 것과 실천하는 것이 항상 일치할 수는 없다. 깨달은 바를 실천할 수 있으려면 어떤 경지에 이르러야 하는 걸까? 자기 자신을 되돌아보는 비판적 사고가 필요하다. 대부분은 타인에게는 엄격한 잣대를 들이밀고, 자기 자신은 합리화하는 경향이 있다. 한마디로 이중 잣대를 사용하는 것이다.

내가 하기 싫은 일을 다른 사람에게 미루지 않는 것은 자공이 생각하는 것만큼 그리 쉬운 일은 아니다. 그래서 공자는 자공에게 "너의 깨달음을 실천하는 일은 어려운 만큼 너는 그렇게 할 수 없다"라고 말한 것이다.

이중 잣대에 대한 또 다른 예를 들어보자. 우리는 안 좋은 일을 당했을 때 주변에서 이런 말을 듣는다. "너무 심각하게 생각하지 마라.", "조급해하지 마라!", "좀 더 넓게 생각하라." 하지만 이런

공야장(公冶長)편 : 어짊을 추구했던 공자의 뛰어난 제자들, 공문십철

말은 큰 위로가 될 수 없다는 것을 우리는 알고 있다. 그런데도 이런 말을 하는 이유는 상대방의 진짜 감정을 이해할 수 없어서 두루뭉술하게 좋은 말을 찾는 것이다.

불교에는 '동체대비同體大悲'라는 말이 있다. 동체대비는 상대방과 동일체가 되어 슬픔과 고통을 함께 느끼는 것을 말한다. "네 이웃을 네 몸같이 사랑하라"라는 예수의 말과 일맥상통하는 불교의 깨달음이다. 우리는 상대방의 슬픔을 나의 고통처럼 느낀 다음에야 상대방이 위로받을 수 있는 말을 할 수 있다. 네 이웃을 네 몸같이 사랑하면, 네 이웃의 고통은 곧 나의 고통이 될 수 있을 것이다.

마음 채우기

자공의 깨달음은 실천하기는 쉽지 않은 일이다. 어떻게 보면 냉담해 보이는 공자의 답변은 아마도 공자 자신도 아직 실천하기 어려운 경지이기 때문일 수도 있다. 공자는 아무 이유 없이 제자를 꾸짖는 스승은 아니다. 이중 잣대를 벗어나기란 힘든 일이다. 욕망을 통제하고, 원칙을 굳건히 지켜야만 가능한 일이다. 비록 세계관은 다를지언정 유교를 비롯한 불교와 기독교 모두 상대방을 자기 자신처럼 생각하라고 한목소리로 말하고 있다.

지나침도 없이,
모자람도 없이

論語

"마음은 곧 태도에서 드러나고, 태도는 마음으로 침잠한다."

_거경이행간居敬而行簡

중궁이 자상백자에 관해 물었다.

공자가 대답하길 "간략하니 괜찮다."

중궁이 묻기를 "공경함에 있으면서 간략하게 행동해 백성을 대한다면 괜찮지 않습니까? 하지만 간략함에 있으면서 간략하게 행동하는 건 지나치게 간략한 것이 아닙니까?"

공자가 대답하길 "옹의 말이 옳구나."

仲弓問子桑伯子. 子曰 "可也. 簡."

仲弓曰 "居敬而行簡, 以臨其民, 不亦可乎? 居簡而行簡, 無乃大簡乎?"

子曰 "雍之言然."

중궁문자상백자. 자왈 "가야. 간."

중궁왈 "거경이행간, 이림기민, 불역가호? 거간이행간, 무내태간호?"

자왈 "옹지언연."

이 문장에 쓰인 '중궁仲弓'은 공자의 제자 염옹을 말한다. 공자가 염옹과 함께 다른 사람을 평가하고 있는 문장이다. 염옹이 공자에게 "자상백자子桑伯子란 사람은 어떻습니까?"라고 물었다.

자상백자는 부패한 정치에 환멸을 느껴 세상을 등지고 대나무 숲에서 살았던 일곱 명의 현자들이라는 뜻의 '죽림칠현竹林七賢'의 한 사람이다. 대나무 숲의 대나무처럼 구애됨 없이 소탈하고 자유롭게 사는 사람이었다. 어느 날 공자가 제자를 데리고 자상백자를 찾아갔다. 자상백자는 옷을 입지 않은 채로 공자를 맞이하고 학문에 관해 토론했다. 자상백자와의 만남이 끝난 뒤 한 제자가 공자에게 말했다. "스승님, 저 사람을 어떻게 생각하십니까? 옷도 입지 않는 게 말이 됩니까?" 공자가 대답했다. "자상백자는 질質이 문文보다 강한 사람이다." 공자의 말에서 '질'은 내면을 말하고 '문'은 외면을 뜻한다. 공자는 자상백자가 외면에 신경 쓰기를 바랐다.

자상백자에게도 제자가 있었다. 그의 제자도 못마땅하다는 듯이 자상백자에게 물었다. "스승님, 어째서 학자인 척 행동하는 공자와 대화를 나누셨습니까?" 자상백자가 대답했다. "공자는 뛰어난 사람이지만 문이 질보다 강한 사람이다." 자상백자는 공자가 내면에 더욱 힘쓰고 외면을 덜 신경 쓰기를 바랐다. 자상백자와 공자는 서로를 평가하며 부족한 부분은 보완하고 서로에게 영향

239

옹야(雍也)편 : 지나침도 없이, 모자람도 없이

을 주려 했다.

　다시 본문으로 돌아가 보자. 이 문장에서 공자는 '간簡'이란 글자 하나로 자상백자를 평가한다. 간단, 간결, 간략한 사람이라서 번거로운 예절은 무시하고 간단명료하게 일을 처리한다는 것이다. 그러자 염옹은 "공경함에 있으면서 간략하게 행동해 백성을 대한다면 괜찮지 않습니까?"라고 물어본다. 공경함에 있다는 것은 행동이 단정하다는 것을 말한다. 간략하게 행동한다는 것은 말 그대로 일을 처리하는 방법이 간단하다는 것을 말한다. 염옹이 이어서 말했다. "백성을 간략하게 대하는 것은 좋지만, 간략함에 있으면서 간략하게 행동하는 건 지나치게 간략한 것 아닙니까?" 염옹은 너무 간략하면 중용의 도에서 어긋나지 않냐고 공자에게 묻고 있다. 공자는 염옹의 말이 일리가 있다고 생각해 이렇게 답했다. "옹의 말이 옳구나."

'공경함에 있으면서 간략하게 행동한다'와 '간략함에 있으면서 간략하게 행동한다'라는 것은 어떤 차이점이 있을까? 죽림칠현의 한 사람인 유영劉伶은 전형적으로 간략함에 있으면서 간략한 사람에 해당한다. 반면 명나라 유학자 왕양명은 전형적으로 공경함에 있으면서 간략하게 행동한 사람이다. 그는 자신의 언행과 소양을 항상 단속하고 매일 자신을 자제하며 예의범절을 지키려 노력했다. 하지만 다른 사람과 만날 때는 외부 걸치레와 불필요하거나 지나친 예의범절은 지키려 하지 않았다. 문과 질은 서로 알맞게 균형을 유지해야 한다. 자신을 단속하며 공경함에 있으면서 간략하게 행동할 줄 알아야 하는 것이다.

"걷잡을 수 없이 퍼지는 분노의 씨앗을 잠재워라."

_불천노, 불이과 不遷怒, 不貳過

애공이 묻기를 "제자 중 누가 배우길 좋아합니까?"

공자가 대답하길: "안회가 배우기를 좋아해 노여움을 옮기지 않고, 잘못을 두 번 되풀이하지 않았습니다. 하지만 불행하게도 명이 짧아 죽었습니다! 지금은 없으니 배우길 좋아한다는 사람을 듣지 못했습니다."

哀公問 "弟子孰爲好學?"

孔子對曰 "有顔回者好學, 不遷怒, 不貳過. 不幸短命死矣! 今也則亡, 未聞好學者也."

애공문 "제자숙위호학?"

공자대왈 "유안회자호학, 불천노, 불이과. 불행단명사의! 금야즉무, 미문호학자야."

노나라 임금 애공이 나이 70을 넘긴 노년의 공자에게 물었다.

"제자 중 누가 배우길 좋아합니까?"

공자의 머릿속에는 먼저 세상을 떠난 안회의 얼굴이 떠올랐다.

"안회가 배우기를 좋아해 노여움을 옮기지 않고, 잘못을 두 번 되풀이하지 않았습니다."

노여움을 옮기지 않고, 잘못을 두 번 되풀이하지 않는 것은 본받아야 할 배움의 자세다. 여기서 "노여움을 옮기지 않고"는 화풀이를 다른 사람에게 하지 않는 것을 말한다. 부정적인 감정은 바이러스만큼 전파력이 강하다. 한 사람의 화는 고양이를 다치게 할 수도 있다. 무슨 뚱딴지같은 이야기냐고? 감정 오염에 대한 심리학자들의 설명을 살펴보자.

사장이 기분이 좋지 않아 업무를 보고하러 온 부장을 질책했다. 이유 없이 욕을 먹어 기분이 상한 부장은 아래 직원에게 화풀이했다. 억울하지만 화풀이를 할 수 없었던 말단 직원은 퇴근한 뒤에 집에서 시끄럽게 뛰어노는 자녀를 꾸짖었다. 별로 잘못한 것도 없는데 꾸지람을 들어 화가 난 아이는 소파에 잠든 고양이를 발로 걷어찼다. 갑작스러운 구타에 겁을 먹은 고양이는 집 밖으로 뛰쳐나가 도로 위를 달렸다. 승용차의 운전자는 갑자기 나타난 고양이를 피하려고 핸들을 꺾다 전신주에 충돌하고 말았다. 아이러니하게도 사고를 낸 운전자는 바로 부장에게 까닭도 없이 화를 냈던 사장이었다. 이것은 '걷어차인 고양이 효과'다. 이 효과는 부정적인 감정을 타인에게 발산하면 그 화가 다시 자신에게 돌아온다는 일종의 부메랑 효과를 설명한다. 부메랑이 되기 위해서는 오염된 감정의 사슬이 연결되어야 한다. 하지만 누군가가 사슬의 고리를 끊어버린다면 부정적인 감정은 더 이상 확산할 수 없다. 물론, 별다른 이유 없이 화를 낸 첫 번째 사람이 없다면 사슬의 고리를 끊어버리는 수고로움도 필요 없을 것이다.

"노여움을 옮기지 않는 것"과 "잘못을 두 번 되풀이하지 않는 것"은 연관되어 있다. 같은 잘못을 되풀이하지 않는 것은 생각보다 쉽지 않다. 사람들은 자신이 저지른 잘못을 인정하려 하지 않고 다른 사람에게 분노를 옮기거나 시스템, 환경, 경제 상황 등 외부 요인으로 책임을 떠넘기는 성향이 있다. 즉, 자기 잘못을 인정하지 않아 노여움을 옮기는 것이다. 그리고 자기 잘못을 인정하지 않았기 때문에 같은 실수도 반복하게 되는 것이다. 따라서 자기 잘못을 인정하지 않으면 노여움을 옮기게 되고 같은 잘못을 반복하게 되는 것이다. 자기 자신을 되돌아볼 수 있는 사람만이 인생의 변화를 이룰 수 있다.

사람들이 자기 잘못을 잘 인정하지 못하는 이유는 어디에 있을

나를 살리는 논어 한마디

까? 이것 역시 심리학적으로 설명해볼 수 있다. 이번에는 고양이가 아니라 이솝 우화의 여우가 등장한다. 지치고 배고픈 여우 한 마리가 포도밭에 몰래 숨어들어 갔다. 탐스럽게 열린 포도를 먹기 위해 손을 뻗어 보지만 여우의 키는 열매에 닿지 못했다. 여우는 껑충껑충 뛰어보며 포도를 따려 했지만, 번번이 실패하고 말았다. 결국 포기한 여우는 이렇게 말했다. "저 포도는 분명히 시어서 먹을 수도 없을 거야." 여우는 실패 원인을 합리화하고 있다.

이솝 우화의 여우 이야기는 '인지부조화' 원리를 설명한다. 믿는 것과 보는 것이 일치하지 않을 때 사람들은 불편한 감정을 느낀다. 사람들은 이 불편한 감정에서 벗어나기 위해 애초 믿었던 신념이나 행동을 바꾸게 된다. 가령, 여우는 분명히 포도가 먹음직스럽게 열렸기 때문에 포도밭으로 들어갔지만, 자기 목적을 이루지 못하자 정반대로 포도가 시어서 맛이 없을 것이라고 믿는다. 이것이 바로 인지부조화의 원리다.

노여움을 쉽게 옮기는 것도 인지부조화 원리에 해당한다. 사람들은 일을 제대로 처리하지 못했거나 자신이 원하는 결과를 얻지 못했을 때 불편한 감정을 해소하기 위해 자신은 문제가 없다고 생각한다. 하지만 자신을 되돌아볼 줄 아는 사람들은 원인을 자기 자신에게서 찾는다. 좀 괴롭지만 반성하며 해법을 고민한다.

안회는 노여움을 옮기지 않고 잘못을 두 번 되풀이하지 않았다. 이성적으로 차분히 분석하는 능력이 있었기 때문이다. 자기 자신을 객관적으로 바라보기 위해서는 용기가 필요하다. 내 잘못을 시인하는 사람들은 배우는 것을 좋아하는 사람이 될 수 있다.

노나라 애공이 제자 중에서 배우는 것을 좋아하는 사람이 있냐고 물었을 때 공자는 안회만 그렇다고 말했다. 그렇다면 매일 공자를 따라다니며 열심히 공부한 자공, 자로, 자장은 배우기를 싫어했던 것일까?

공자는 배운 지식을 다른 사람에게 드러내고 과시하는 사람은 배움을 좋아하는 사람이 아니라고 생각했다. 지금 우리가 읽고 있는 『논어』를 다른 사람들에게 자랑하는 것은 배움을 좋아하는 것이 아니라 자기 자신을 돋보이기를 좋아하는 사람일 뿐이다. 안회처럼 잘못을 두 번 되풀이하지 않기 위해 배우고, 난관에 부딪혀도 노여움을 옮기지 않아야 비로소 진정으로 배움을 좋아한다고 말할 수 있다.

공자가 말하는 배움을 좋아한다는 것은 다다르기 힘들 정도로 까다로워 보인다. 공자는 스스로 자신을 반성하는 사람만이 배우는 것을 좋아하는 사람이라고 말했다. 안회는 공자가 생각하는 바로 그런 사람이었다. 하지만 안회는 안타깝게도 31세에 세상을 떠났다. 일찍 세상을 떠난 안회를 그리워하며 공자는 애공의 질문에 답변했다. "지금은 없으니 배우는 것을 좋아한다는 사람을 듣지 못했습니다."

마음 채우기

노여움을 옮기지 않는 안회와 같은 사람이 되기는 쉽지 않다. 현대인의 직장 생활은 그만큼 스트레스가 많다. 하지만 퇴근 후의 삶인 집에서는 안회와 같은 사람이 되도록 노력해보는 것은 어떨까? 부모가 노여움을 옮기지 않아야 화목한 가정을 이룰 수 있고, 가정이 화목해야 우리는 지친 몸과 마음을 재충전할 수 있지 않은가.

"비단 위에 꽃을 더하는 일보다 눈보라를 뚫고 땔감을 전하는 용기를 지녀라."

_군자주급불계부君子周急不繼富

자화가 제나라에 심부름을 가자 염자가 그의 어머니를 위해 곡식을 요청했다.

공자가 말하길 "1부를 주어라!"

더 요청하자 공자가 말하길 "1유를 주어라."

염자가 곡식 5병을 주었다.

공자가 말하길 "적이 제나라에 갈 때 살찐 말을 타고 가벼운 갖옷을 입었다. 내가 듣기로 군자는 급한 사람을 두루 돌봐 주고 부유한 사람은 계속 돌봐 주지 않는다고 하였다."

子華使於齊, 冉子爲其母請粟.

子曰 "與之釜!" 請益.

曰 "與之庾." 冉子與之粟五秉.

子曰 "赤之適齊也, 乘肥馬, 衣輕裘.

吾聞之也 君子周急不繼富."

자화시어제, 염자위기모청속.

자왈 "여지부!" 청익.

왈 "여지유." 염자여지속오병.

자왈 "적지적제야, 승비마, 의경구.

오문지야 군자주급불계부."

자화子華는 공자의 제자 공서적을 말한다. 염자冉子 역시 공자의
제자 염유다. 공서적이 공자가 지시한 임무를 처리하기 위해 제나
라로 갔을 때의 일이다. 염유는 홀로 계신 공서적의 어머니를 위
해 곡식을 보내드리자고 공자에게 요청했다.

공자는 곡식 1부釜를 보내라고 말했다. 1부는 6말 4되이다. 1말
이 12.5근 정도가 된다. 계산해보면 1부는 50킬로그램에 가깝다.
상당히 많은 곡식을 공서적의 어머니에게 보내라고 공자가 말한
것이다. 하지만 염유는 곡식을 더 보내자고 요청했다. 염유의 청
에 공자는 1유庾를 더 보내라고 말했다. 1유는 2말 4되를 말한다.
20킬로그램에 가까운 곡식을 더 보내라고 한 것이다.

염자는 공자 모르게 곡식 5병秉을 공서적의 어머니에게 보냈다.
1병은 16섬이다. 5병이면 80섬이다. 1섬은 10말이니 계산하면
총 800말이다. 현재의 단위로 치면 약 6천 킬로그램에 해당한다.
요즘은 월급을 곡식으로 받지 않으니 체감하기 어려울 수도 있다.
곡식 800말은 지금으로 치자면 고위직 관료의 1년 치 월급에 해

옹야雍也편 : 지나침도 없이, 모자람도 없이

당한다. 자기 몰래 곡식을 보냈으니 공자가 기분 좋았을 까닭이 없다. 사실을 알게 된 공자는 화를 내며 다음과 같이 말했다.

"적이 제나라에 갈 때 살찐 말을 타고 가벼운 갖옷을 입었다."

문장을 풀이해보면 다음과 같다. 공서적이 제나라로 떠날 때 살찐 말을 타고 가벼운 갖옷을 입었다는 건 지금으로 치면 고급 승용차를 타고 값비싼 옷을 입고 제나라에 갔다는 뜻이다.

공자가 말을 이었다. "군자는 급한 사람을 두루 돌봐 주고 부유한 사람은 계속 돌봐 주지 않는다고 하였다." 문장에서 "급한 사람"은 가난한 사람들을 말한다. 왜 염유는 공자의 말을 거역하고 부유한 공서적의 어머니에게 아주 많은 곡식을 보낸 것일까?

염유는 백성들을 수탈해 계씨의 재산을 불려준 계씨 집안의 가신이었다. 자신이 가르치는 제자가 백성들을 수탈했다는 사실을 알게 된 공자는 분개하며 염유는 자신의 제자가 아니라고 말했다. 염유는 재물에 밝은 사람이었다. 유능한 사람에게 많은 돈을 빌려 주었고 가난하고 무능한 사람에게는 돌려받지 못할 것을 걱정하며 돈을 빌려주지 않았다. 염유가 생각하기에 공서적은 과감하게 투자해야 할 인재였다. 그래서 염유는 많은 양의 곡식을 그의 모친에게 보낸 것이다.

마음 채우기

재물에 밝은 것, 즉 경제적인 관점과 공자의 생각은 거리가 있다.

공자는 "군자는 급한 사람을 두루 돌봐 주고 부유한 사람은 계속 돌봐 주지 않는다"라고 말했다. 물론, 발전 가능성이 큰 사람과 기업에 투자하는 것이 비윤리적인 것은 아니다. 공자는 다만 군자다운 행동을 논하는 것이다. 비단 위에 꽃을 더하는 건 쉽지만, 눈보라 속에 땔감을 보내기는 어렵다. 하지만 눈보라를 뚫고 어려운 사람에게 땔감을 보내주는 것이 군자가 마땅히 해야 할 일이다.

"우리는 모두 반짝일 권리를 지닌 별이 될 수 있다."

_산천기사저山川其舍諸

공자가 중궁에게 말하길 "얼룩소 새끼의 색이 붉고 뿔이 좋다면, 비록 쓰지 않으려 한들 산천이 어찌 그것을 내버려 두겠느냐?"

子謂仲弓曰 "犁牛之子騂且角, 雖欲勿用, 山川其舍諸?"

자위중궁왈 "리우지자성차각, 수욕물용, 산천기사저?"

중궁仲弓은 공자의 제자 염옹冉雍을 말한다. 염옹은 출신이 비천했지만 대범하고, 소탈하고, 중후했던 사람으로 알려져 있다.

앞뒤의 내용이 생략된 이 문장은 이해가 쉽지 않다. 다만 내용으로 보아 공자가 염옹을 격려하려 했다는 것은 알 수 있다. 문장에 등장하는 얼룩소는 겉모습이 볼품이 없어 당시에는 제사상에도 올리지 않는 낮은 품종의 소였다. 얼룩소는 그저 밭을 가는 가축이었다.

제사상에 올리는 소는 빛깔 좋은 품종을 도축했다. 문장에 쓰인 한자 '성騂'은 소의 털 색깔이 붉은색이라는 뜻이다. '용牲'은 제사상에 올리기 위해 도축했다는 뜻이다. 조상을 모시는 것을 중요하게 생각했던 옛사람들은 제사상에 올리는 음식에 정성을 기울였다. 비록, 도착한 소의 고기는 똑같이 보이더라도 살아있을 때 빛깔이 좋은 가축을 잡아 제사를 지냈다.

공자의 말을 풀어서 설명하자면 다음과 같다. "밭을 가는 소가 낳은 새끼의 털빛이 붉고 뿔이 곧게 잘 났는데도 일부는 그 소를 제사에 사용하길 원치 않는다. 하지만 산천의 신이 아름다운 소를 쓸모없게 내버려 두겠느냐?" 공자가 말하고자 하는 것은 무엇일까?

직장 생활을 하다 보면 생각처럼 일이 제대로 되지 않아 윗사람에게 인정받지 못해 의기소침해하는 경우가 많다. 하지만 만약 직장 동료가 공자였다면 이런 말을 했을 것이다. "네 상사가 너를 알아주지 않아도 다른 사람들은 너의 가치를 인정할 것이다." 당신이 만약 '색이 붉고 뿔이 잘 자란 소'처럼 능력과 인품이 출중하다면 걱정할 필요가 있을까? 자기 능력을 발휘할 공간이 얼마든지 있을 것이다.

염옹은 평민 출신이라서 자신 같은 평민에게는 자리가 주어지지 않는다는 열등감이 있었을지도 모른다. 아무리 능력이 출중한 평민이라도 올라갈 수 있는 관직의 상한선은 귀족들과 달랐다. 염옹은 아마도 이런 이유로 공자 앞에서 의기소침한 모습을 보였을 수 있다.

마음 채우기

공자는 능력이 뛰어난 염옹을 격려했다. 얼룩소 새끼가 색이 붉고 뿔이 좋으면 산천이 가만히 내버려 두지 않듯이 평민이라도 능력이 출중하면 제대로 된 평가를 받을 것이라고 위로의 말을 건넸다. 공자는 염옹이 자신을 수련해 황금처럼 빛나는 사람이 되기를 바랐다. 유능한 인재는 스스로 빛이 나게 마련이다.

"인생을 열심히 사는 것이 아닌, 일상을 열심히 사는 지혜를 지녀라."

_삼월불위인三月不違仁

공자가 말하길 "안회는 그 마음이 석 달 동안 어짊에서 떠나지 않았으나 나머지는 하루나 한 달 정도 어짊에 미칠 뿐이구나!"
子曰 "回也, 其心三月不違仁, 其餘, 則日月至焉而已矣!"
자왈 "회야, 기심삼월불위인, 기여, 즉일월지언이이의!"

'어짊'은 '배움'만큼이나 『논어』에 반복해서 나오는 말이다. 어짊에 대한 공자의 말도 반복된다. "그 사람의 어짊을 알지 못한다." 공자는 마치 어떤 사람도 어질다고 판단할 수 없다는 듯이 항상 이 말을 반복했다. 하지만 이번에는 좀 다르다. 공자가 제일 아끼던 안회가 등장했기 때문이다.

공자가 말했다. "안회는 그 마음이 석 달 동안 어짊에서 떠나지 않았다." 문자 그대로 안회는 3개월 동안 어진 모습을 보여왔다는 것이다. 다른 제자들은 몰라도 안회 만큼은 어짊에 다가선 사람이라고 공자가 평가한 것이다. 왜냐하면 다른 사람들은 기껏해야 "하루나 한 달 정도 어짊에 미칠 뿐"이라고 말했기 때문이다.

이 문장을 읽으며 안회의 어진 모습을 상상해 본다. 온화함, 침착함, 즐거움, 총명함, 관심과 사랑, 결단력, 자기반성을 하면서도 침울해하지 않고, 사리사욕에 휘둘리지 않는 마음의 상태. 우리는 수많은 도전과 유혹 앞에서도 어짊에 다가갈 수 있을까? 고난, 좌절, 물질적 유혹, 비방과 칭찬, 명예와 이익, 권력과 사랑…. 무수히 많은 삶의 불확실성 앞에서 우리는 빈번히 무릎을 꿇고 만다.

앞서 보았던 『논어』〈리인里仁〉편에 다루었던 어진 군자의 모습을 다시 생각해 보자.

"군자는 밥을 먹는 사이에도 어짊을 어기지 않으며, 급작스러운 상황에서도 반드시 어질어야 하며, 곤궁한 상황에서도 반드시 어질어야 한다."

공자는 자기 자신을 철저하게 단속하는 사람이었다. 그는 자신이 언제든지 어진 경지를 유지하며 사랑으로 자신과 다른 사람에게 관심을 가질 수 있길 바랐다.

어짊은 다가서기 어려운 경지다. 하지만 그렇다고 불가능한 일은 아니다. 어짊에 대한 공자의 또 다른 말은 이렇다.

"내가 어질어지고자 하면 어짊에 이를 수 있다我欲仁, 斯仁至矣."

어짊에 이르기 위한 특별한 방법이 있는 것은 아니다. 특별한 힘과 재능으로 전력을 다해 애를 쓴다고 어짊의 경지에 이르는 것도 아니다.

『맹자』〈공손추상公孫丑上〉에는 다음과 같은 문장이 있다.

"반드시 해야 할 일을 하되, 기대하지 말아야 하며, 마음에서 잊어서도 안 되고 조장해서도 안 된다必有事焉而勿正, 心勿忘, 勿助長也."

억지로 노력한다고 어진 상태에 다가가는 것은 아니다. 억지로 하는 행동은 오히려 어짊과 멀어지게 한다. 어짊은 겉으로 꾸민다고 이룰 수 있는 덕목이 아니다. 반복해서 강조하지만 어짊은 짧은 시간 동안 겉으로 드러나는 모습이 아니라, 아주 오랜 기간 축적되어온 시간이 쌓여 내면의 상태에서 도달하는 덕목이다. 이것은 하루아침에 이루어지는 것은 아니다.

우리는 늘 인생을 멋지게 살고 싶다며 그럴듯한 계획으로 새해를 맞이한다. 하지만 그것은 작심삼일이 될 뿐, 일 년 중 자신이 계획했던 일들을 지키는 날들은 그리 많지 않다.

인생을 열심히 사는 것보다 중요한 것이 있다. 바로 일상을 부지런히 사는 것이다. 그리고 어짊은 매일 매일 그 부지런한 수신^{修身}과 성찰의 노력 끝에 만들어지는 것이다.

마음 채우기

공자는 사람을 다음과 같이 평가했다. 충성과 신용을 지키는 사람, 청렴한 사람, 간략한 사람 등등. 공자는 충성, 신용, 청렴, 간략함이 칭찬할 만한 덕목이지만 그렇다고 그 사람이 어질다는 것은 아니라고 말한다. "그 어짊은 알지 못한다"라는 공자의 말은 내면을 봐야만 어짊의 경지에 이르렀는지를 판단할 수 있다는 뜻이다.

"유능한 인재가 나라를 돌본다면 정치는 물처럼 흐를 것이다."

_어종정호하유 於從政乎何有

계강자가 묻기를 "중유는 정치에 참여하도록 할만합니까?"

공자가 대답하길 "유는 과단성이 있으니 정치에 참여하는데 무슨 어려움이 있겠습니까?"

다시 묻기를 "사는 정치에 참여하도록 할만합니까?"

대답하길 "사는 통달하였으니 정치에 참여하는데 무슨 어려움이 있겠습니까?"

다시 묻기를 "구는 정치에 참여하도록 할만합니까?"

대답하길 "구는 재능이 있으니 정치에 참여하는데 무슨 어려움이 있겠습니까?"

季康子問 "仲由可使從政也與?"

子曰 "由也果, 於從政乎何有?"

曰 "賜也可使從政也與?"

曰 "賜也達, 於從政乎何有?"

曰 "求也可使從政也與?"

옹야(雍也)편 : 지나침도 없이, 모자람도 없이

曰 "求也藝, 於從政乎何有?"
계강자문 "중유가사종정야여?"
자왈 "유야과, 어종정호하유?" 왈: "사야가사종정야여?"
왈 "사야달, 어종정호하유?"
왈 "구야가사종정야여?"
왈 "구야예, 어종정호하유?"

　노나라 국정을 장악한 계강자가 가재^{守令}를 뽑고 있었다. 가재
는 높은 관직을 맡은 사람의 집안일을 관리하는 총책임자로 평민
이 오를 수 있는 가장 높은 자리다.
　계강자가 가재로 쓸 만한 공자의 제자들을 물색하고 있다. 문장
에 등장하는 '중유仲由'는 '자로', '사賜'는 '자공', '구求'는 '염구'를
말한다. 세 사람 모두 공자의 수제자들로 정치에 참여할 만한 능
력을 갖추고 있었다.
　계강자가 공자에게 물었다. "자로는 정치에 참여하도록 할만합
니까?" 공자는 자로가 과단성이 있어 행동력이 강하니 정치에 참
여하는 데 어려움이 없을 것이라고 대답했다.
　계강자의 질문이 이어졌다. "자공에게 가재 직책을 맡겨도 되
겠습니까?" 공자는 자공이 "통달했다"라고 대답했다. 여기서 통
달했다는 데는 두 가지로 해석할 수 있다. 첫 번째 해석은 사리에
밝아 상대방의 처지에서 생각할 수 있다는 것이고, 두 번째는 임

나를 살리는 논어 한마디

기응변에 능하다는 것이다. 과거 사람들은 문제가 생겼을 때 재빨리 상황을 판단해 융통성 있게 처리하는 것을 임기응변을 잘하는 것으로 생각했다. 공자는 자공이 통달해서 정치에 참여하는데 아무런 어려움도 없다고 말했다.

계강자가 공자의 또 다른 제자 염구에 대해서도 물었다. 공자는 염구가 다재다능하므로 정치를 하는 데 문제가 없다고 대답했다.

공자는 제자들의 능력에 자부심이 있었다. 정치에 참여할 수 있는 능력이 자로, 자공, 염구만 있었던 것은 아니다. 염옹은 이미 계씨 집안에서 5년 동안 가재를 하고 있었다. 계강자는 어쩌면 염옹을 대체할 사람을 찾기 위해서 공자에게 이런 질문을 했을 수도 있다.

계강자는 염구를 가재로 선택했다. 염구는 싸움과 관리에 능했으며, 특히 세금 징수와 재정 관리를 잘했다. 염구는 계씨 집안 가재로 있던 시기에 계강자의 재산을 불려주기 위해 백성을 수탈했고, 결국 공자에게 호된 비난을 받았다.

공자는 '과단', '통달', '재능'을 갖추고 있으면 정치에 참여하는 데 어려움이 없다고 보았다. 공자는 세 명의 제자들이 정치를 하는데 필요한 기본 자질인 도덕적인 성품, 원칙, 예법, 재능을 모두 갖추고 있을 뿐만 아니라 각자 장점도 있다고 말한 것이다.

옹야(雍也)편 : 지나침도 없이, 모자람도 없이

마음 채우기

한 나라의 정책을 책임지는 인물은 다양한 재능을 갖춰야 한다. 과감한 결단력도 필요하고 원활한 소통 능력도 필요하다. 어려운 일이 닥쳤을 때 해결할 수 있는 고도의 사고력도 필요하며 아랫사람을 잘 통솔하는 리더십도 필수 조건이다. 그러나 그 무엇보다 필요한 것은 도덕적인 성품이다. 공자가 늘 강조하는 인仁, 즉 어짊의 수준도 일반인보다 높아야 한다. 이처럼 다양한 재능을 갖춘 인물이 나라의 국책을 운영한다면 백성들은 태평할 것이고 나라는 성대히 발전할 것이다. 그야말로 유수流水와 같아서 막힘이 없을 것이다.

나를 살리는 논어 한마디

"마음이 누울 곳이
바로 내가 누울 자리다."

_선위아사언善爲我辭焉

계씨가 민자건에게 비를 관리하게 하려 했다.

민자건이 말하길 "나를 위해 말을 잘해주십시오! 만약 저를 다시 찾아온다면 저는 반드시 문수에 있을 겁니다."

季氏使閔子騫爲費宰.

閔子騫曰 "善爲我辭焉! 如有復我者, 則吾必在汶上矣."

계씨사민자건위비재.

민자건왈 "선위아사언! 여유복아자, 즉오필재문상의."

민자건의 이름은 민손閔損이고 자건子騫은 그의 자이다. 계씨가 민자건을 한 지방의 읍장으로 삼으려 했다.

민자건은 아버지, 계모와 함께 살았다. 계모는 민자건을 아껴주지 않았다. 자신의 두 아들에게는 솜을 두텁게 넣어 겨울옷을 만들어주었지만 민자건에게는 갈대꽃을 넣은 가볍고 얇은 옷을 만들어주었다.

어느 날 민자건이 수레를 몰았다. 추운 겨울 날씨에 민자건은 손이 꽁꽁 얼어 제대로 움직이지 못했다. 그 모습을 본 아버지가 화를 내며 채찍을 들어 민자건을 때리자 옷이 찢어지면서 갈대꽃이 떨어졌다. 아버지가 너무 놀라 다른 두 아들의 옷을 만져보니 두꺼운 솜이 들어 있었다. 아버지는 그제야 민자건이 계모에게 학대 당했다는 사실을 알게 되었다.

화가 난 아버지는 집에 돌아와 계모를 내쫓으려 했다. 그러자 민자건이 아버지 앞에서 무릎을 꿇고 간절하게 말했다. "어머니가 계시면 이 아들 하나만 추위에 떨면 되지만, 어머니가 계시지 않으면 아들 셋이 추위에 떨게 됩니다."

공자는 민자건을 효성스러운 사람이라고 평가하며 "효성스럽다. 민자건이여. 사람들도 그 부모와 형제들의 말에 트집을 잡지 못한다孝哉, 閔子騫, 人不間於其父母昆弟之言"라고 말했다. '사람들도 그 부모와 형제들의 말에 트집을 잡지 못한다'라는 것은 그의 부모와 형제가 그를 칭찬하듯이 가족이 아닌 사람들도 트집을 잡지 않는다는 뜻이다. 이처럼 민자건은 가족의 화목과 단결을 중요시했다.

계씨의 전령이 민자건을 찾았다. 그는 한 고을을 관리해 달라는 계씨의 뜻을 민자건에게 전했다. 민자건은 이렇게 대답했다. "당신이 나를 대신해서 완곡한 거절의 뜻을 전해주십시오. 만약 다시 나를 찾아오면 저는 제나라로 도망갈 겁니다."

공자의 제자들은 대부분 힘써 배우고 나서 벼슬길에 올랐다. 하지만 민자건은 공자의 여느 제자들과는 달랐다. 민자건은 '장자'와 비슷했다. 초나라 왕이 관직을 제안하기 위해 장자에게 사신을 보냈다. 강가에서 낚시하고 있던 장자는 낚싯대를 쥔 채 돌아보지 않고 이렇게 말했다. "어서 돌아가시오."

요순시대의 현인 '허유許由'도 비슷한 인물이다. 요임금이 자신에게 왕위를 물려주려 한다는 이야기를 듣자 멀리 도망쳐 몸소 밭을 갈면서 생계를 유지했다. 후에 요임금이 다시 그를 불러 지방의 관리로 임명하려 하자, 허유는 어지러운 소리를 너무 많이 들었다며 강가로 가서 몸을 씻었다. 이처럼 벼슬길에 오르고 싶어 하지 않은 민자건은 공자의 수제자 10명인 공문십철 중에서 덕행이 뛰어난 사람으로 평가받는다.

민자건과 허유, 모두 편히 살 수 있는 자리를 거부한 인물들이다. 이들은 왜 허울 좋은 지위를 마다했을까? 민자건은 왜 학대받고 있는 상황에서도 계모를 두둔하며 희생하려 했을까? 이것은 모두 자신의 몸보다 마음이 편하길 바라기 때문이다. 민자건은 어머니의 부재로 나머지 자식들이 자신을 미워하는 불편한 상황을 원하지 않았다. 마찬가지로 계씨의 부름을 받고 고을을 관리해, 부를 축적할지언정, 이는 민자건이 마음 편히 있을 자리가 아니었다. 허유도 마찬가지로 지방의 관리로 있으며 시끄러운 소리를 간당하느니 차라리 초야에 묻혀 조용히 마음을 달래는 길을 택했다. 이들이 벼슬에 오르지 않은 이유는 단 한 가지이다. 바로 '마음이 가는 곳이 자신이 가는 곳'임을 알기 때문이다. 우리 주변에도 갖은 유혹으로 흔들리는 사람들이 있을 것이다. 생각해 보자. 불편함 속에서 산해진미를 즐기느니, 거친 나물을 먹어도 마음 편한 곳에서 여유로움을 음미하고 싶을 것이다.

♦♦♦

나를 살리는 논어 한마디

"오늘은 어제보다 낫고, 내일은 오늘보다 낫다면 빈곤은 두렵지 않다."

_회야불개기락回也不改其樂

공자가 말하길 "어질구나 회야! 한 그릇의 밥과 표주박 물로 더러운 골목에 살면 사람들은 근심을 견뎌내지 못하는데, 안회는 그 즐거움이 변하지 않았다. 어질구나 회야!"

子曰 "賢哉回也! 一簞食, 一瓢飮, 在陋巷, 人不堪其憂, 回也不改其樂. 賢哉回也!"

자왈 "현재회야! 일단사, 일표음, 재루항, 인불감기우, 회야불개기락. 현재회야!"

걸출한 공자의 제자 안회의 삶이 그대로 담겨있는 문장이다. 안회는 한 그릇의 밥과 표주박의 물로 하루를 버틸 정도로 가난했다. 공자는 자공에게 "나와 너는 안회만 못하다"라고 말한 적이 있다. 이 말은 공자가 자신은 안회처럼 가난하고 힘든 삶을 견딜

267

수 없다는 점을 말한 것이다. 공자는 자신이 가르친 제자가 극도로 가난한 상황 속에서도 배움을 좋아할 수 있다는 사실에 감탄을 금치 못했다.

송나라 시기의 학자라면 누구나 들어가고 싶어 하는 서원으로 악록서원嶽麓書院과 백록서원白鹿書院이 있었다. 입학 면접을 봤던 성리학자들은 다음과 같은 질문을 던졌다고 한다.

"공자와 안회 중 누가 즐길 줄 아는 사람인가?"

"공자와 안회의 즐거움이 무엇인가?"

정답이 없는 질문이다. 나는 안회와 공자의 즐거움이 '설법을 듣고 진리를 깨닫는 즐거움'과 비슷할 것으로 생각한다. 경전을 읽다가 깨달음을 얻으면 뛸 것처럼 기뻐하는 사람들이 있다. 깨달음을 얻었다고 해서 무슨 이득이 있는 것도 아니고, 돈이 생기는 것도 아니며 생활이 이전보다 좋아지는 것도 아니다. 그런데도 이런 사람들은 무언가를 깨닫는 순간 자신이 이전과 달라졌다는 생각 때문에 기쁨과 만족을 느낀다.

깨달음의 즐거움에 대한 일화가 명나라 장편소설 『서유기』에 나온다. 스승인 보리도사가 경전을 읽자 손오공이 기뻐서 자리에서 펄쩍펄쩍 뛰었다. 그 모습을 본 보리도사가 물었다. "원숭이라서 펄쩍펄쩍 뛰는 것이냐?" 손오공이 대답했다. "도리를 들으니 마음이 너무 기쁩니다!"

　설법을 듣고 진리를 깨달아 즐거운 것은 내면에서 우러나오는 것이기 때문에 외부 사물에 영향을 받지 않는다. 만약 이런 즐거움을 가질 수만 있다면 번뇌가 사라진 것 같은 기분을 느낄 수 있을 것이다. 우리는 안회보다 풍족한 삶을 살고 있다. 그런데 어째서 안회처럼 즐거워하지 못하고 분노와 원망에 휩싸여 사는 것일까?

마음 채우기

자공이 공자에게 물었다. "가난하지만 아첨함이 없고, 부유하지만 교만함이 없으면 어떻습니까?" 공자는 괜찮다고 말했다. 그리고 덧붙여 이렇게 말했다.

"가난하지만 즐거워하고, 부유하지만 예를 좋아한다."

'가난하지만 아첨하지 않고, 부유하지만 교만함이 없다'라는 것은 노력해서 자신을 단속하는 것을 말한다. '가난하지만 즐거워하고, 부유하지만 예를 좋아하는 것'은 안회처럼 가난하게 살면서도 즐거워하는 것을 말한다. 공자가 안회를 높이 평가한 이유는 가난함 속에서도 배움의 즐거움을 깨달았기 때문이다.

"태산을 넘는 한 걸음의 시작도 나의 발끝에서 출발한다."

_중도이폐中道而廢

염구가 말하길 "저는 도를 좋아하지 않는 게 아니라 힘이 부족한 것입니다."

공자가 대답하길 "힘이 부족한 사람은 중도에 가서 그만두는 법이다. 그런데 너는 지금 선을 긋는 것이냐!"

冉求曰 "非不說子之道, 力不足也."

子曰 "力不足者, 中道而廢. 今女畫!"

염구왈 "비불열자지도, 력부족야."

자왈 "력부족자, 중도이폐, 금여획!"

사자성어 중도이폐中道而廢에 얽힌 『논어』의 문장이다.

도를 추구하지 않는 공자의 제자 염구가 핑계를 댄다. "저는 스승님이 알려주신 지식이 정말 좋고 배우고 싶지만 타고난 자질과 힘이 부족합니다. 그래서 힘을 쏟아도 원래 자리에 머무를 수밖에 없습니다." 염구는 자신이 힘이 부족해서 도를 추구할 수 없다는 변명을 늘어놓았다. 염구의 마음을 꿰뚫어 봤던 공자는 이렇게 말했다. "중도이폐, 힘이 부족한 사람은 중도에 가서 그만두는 법이다."

공자가 말한 '중도이폐'는 어떤 목표를 향해 나아가다가 비록 도중에 그만두더라도 최선을 다해 노력했으면 괜찮다는 의미다. 하지만 지금은 부정적인 뜻으로 통용된다. 일하다가 중간에 그만두면 아무 소용도 없다는 뜻으로 바뀐 것이다.

공자는 염구가 해 보지도 않고 핑계를 댄다고 생각했다. 정말로 '힘이 부족'한 것이라면 최소한 중간 즈음에 그만둬야 하는데 시작도 해 보지 않고 그런 말을 했기 때문이다. 염구는 일을 대하는 태도가 자로와는 완전히 반대였다. 자로는 들은 말을 아직 실천하지 못하면 다른 말을 들을까 두려워했다. 실천력이 강해서 들으면 즉시 행동에 옮겼고, 방법이 옳든 틀리든 결과가 어떠하든 신경 쓰지 않고 일단 행동에 뛰어드는 성미를 갖고 있었다. 염구는 정반대였다. 염구는 스승의 말이 일리가 있다고 생각해도 생각만 할 뿐 선뜻 행동하지 않았고, 결국 여러 이유를 대며 스스로 포기해 버렸다.

나도 이런 말을 하는 사람들을 자주 만나게 된다. "판 선생님이

하는 말은 너무 어려워서 실천할 수 없어요.", "판 선생님, 현실의 삶은 그렇게 아름답지 않아요. 곳곳에 장애물이 가득하다고요.", "선생님은 세상이 단순하다고 생각하시나요? 선생님이야 금수저를 물고 태어나서 공부를 많이 하셨지만, 저는 대학에 갈 기회조차 없었어요. 매일 먹고 살기 위해서 모든 힘을 쏟아붓고 있어서 선생님의 말씀을 실천할 여력이 없다고요."

이런 말을 들을 때마다 나는 공자의 말을 떠올려 본다. "힘이 부족한 사람은 중도에 가서 그만두는 법이다. 그런데 너는 지금 선을 긋는 것이냐!" 나는 그들에게 시도해 보지도 않고, 심지어 첫걸음도 떼지 않은 채 포기할 이유를 찾는 거냐고 말하고 싶다.

마음 채우기

『1만 시간의 재발견』을 쓴 심리학자 안데르스 에릭슨 박사는 타고난 재능이란 없다고 주장한다. 이 세계에서 누군가가 해낸 일이라면 다른 사람도 할 수 있는 일이다. 에릭슨 박사는 자신이 모든 힘을 다해 충분히 노력하고 있는지를 살펴보라고 말한다.

"더 나은 삶을 원한다면 더 나은 가치에 신경을 써라."

_여위군자유 女爲君子儒

공자가 자하에게 말하길 "너는 군자다운 선비가 되어라! 소인
다운 선비가 되어서는 안 된다!"
子謂子夏曰 "女爲君子儒! 無爲小人儒!"
자위자하왈 "여위군자유! 무위소인유!"

자하는 비교적 젊은 제자였다. 공자는 자하에게 '군자다운 선
비'가 되어야지 '소인다운 선비'가 되어서는 안 된다고 조언했다.

공자가 언급한 '군자다운 선비'와 '소인다운 선비'는 유교에서
말하는 군자와 소인이 아니라 당시 두 가지 성향의 선비를 구분하
기 위해 사용한 어휘이다. 옛날 백성들은 크게 네 부류의 직업을
갖고 있었다. 선비士와 농부農 그리고 장인工과 상인商이었다. 선비

는 가르치고, 결혼이나 장례 등 경조사를 진행하는 것으로 생계를 유지했다.

공자가 말한 소인다운 선비는 생계를 유지하기 위해서 책을 읽고 공부하는 사람들을 말한다. '소인답다' 해서 비방의 의미가 있는 것은 아니다. 다만 군자다운 선비와 구분하기 위해 그렇게 표현했을 뿐이다.

공자는 자하에게 기준을 높이라고 말했다. 자하가 자신의 지식을 이용해 돈을 벌려 했던 것 같다. 그래서 공자는 자하에게 군자다운 선비가 되는 데 뜻을 두어 경전을 읽고 문화와 예식을 연구하며, 수련에 힘써 집을 가지런히 하고, 나라를 다스리고 천하를 안정시키기 위해 능력을 발휘하라고 조언했다.

오늘날 우리가 선비문화를 배우려 하는 이유는 무엇일까? 자신을 발전시켜 사회에 공헌하고 자아실현을 이루고 싶기 때문이다. 원대한 이상과 포부를 품고 부단히 자신을 수련하고 정진해서 좋은 세상을 위해 이바지하는 것이 바로 군자다운 선비의 모습이다.

마음 채우기

공자는 자하에게 원대한 이상을 잃지 말라고 했다. 선비의 신분을 생계를 위한 직업으로 삼지 말고 배움의 입구이자 경로로 삼으라는 것이다. 공자는 선비들이 생계의 문제에서 벗어나 학문에 정진하는 커다란 유파가 형성되는 것을 돕는 스승이 되고자 했다.

"지름길이 주는 욕망의 유혹에 발을 딛지 마라."

_행불유경行不由徑

자유가 무성의 읍재가 되었다.

공자가 말하길 "너는 인재를 얻었느냐?"

자유가 대답하길 "담대멸명이라는 사람이 있는데 길을 갈 때 지름길로 가지 않고, 공사가 아니면 저의 집에 온 적이 없습니다."

子游爲武城宰. 子曰 "女得人焉爾乎?"

曰 "有澹臺滅明者, 行不由徑, 非公事, 未嘗至於偃之室也."

자유위무성재. 자왈 "여득인언이호?"

왈 "유담대멸명자, 행불유경, 비공사, 미상지어언지실야."

자유의 이름은 언언言偃이다. 그러니 공자가 '언偃'이라 말하면 주로 자유를 지칭하는 것이다.

자유가 무성의 읍재가 되었다는 것은 지방관이 되었다는 의미이다. 공자는 지방관에게 가장 중요한 일은 인재를 발견하는 것이며, 이는 국가에도 아주 중요한 일이라고 말했다. 그러자 자유는 특이한 이름의 '담대멸명'이란 사람이 있다고 말했다.

담대멸명에 얽힌 고사가 있다. 명나라 말 청나라 초기에 활동한 문학가이자 역사가인 장대張岱는 『야항선夜航船』이라는 제목의 백과사전식 책을 집필했다. 장대는 재미있는 고사를 비롯한 사소한 지식을 시작으로 천문지리, 역사, 철학에 이르는 광범위한 이론을 집대성했다.

『야항선』에는 강남 지방에서는 다른 지방으로 이동할 때 배를 타야 한다는 글이 있다. 매우 길고 긴 여정이라 사람들은 잡담을 하며 시간을 보냈다. 재미있는 것은 배에 비해 승선 인원이 많아 재밌거나 교훈적인 이야기를 하는 사람들에게 편한 자리가 제공되는 것이었다. "천하의 학문 중에서 유일하게 밤에 배를 타는 것이 제일 어렵다"라는 말은 여기서 비롯된 고사다.

한 유생이 강남에서 배에 올랐다. 그는 쉴 새 없이 장광설을 늘어놓으며 배에서 넓은 자리를 차지하고 있었다. 그 옆에 다리를 잔뜩 웅크리고 앉은 승려가 유생의 장광설을 조용히 듣고 있었다. 그러던 중 갑자기 승려가 유생에게 물었다.

"담대멸명이란 사람은 한 사람을 말하는 거요? 아니면 두 사람을 말하는 거요?"

유생이 대답했다.

"그걸 질문이라 하는 겁니까? 당연히 두 사람이지요."

승려가 다시 물었다.

"요순은 한 사람을 말하는 거요? 두 사람을 말하는 거요?"

유생이 대답했다.

"당연히 한 사람이지요."

유생의 말을 듣던 승려가 모든 지식인에게 악몽 같은 말을 내뱉었다.

"소승 다리를 좀 뻗어야겠소."

『아향선』의 서문에 수록된 짧은 고사다. 담대멸명은 공자가 뒤늦게 받아들였던 제자였다. 하지만 말만 번지르르하게 늘어놓았던 유생은 이 특이한 이름이 두 명을 말하는 것이라고 아는 척을 하며 대답했다. 승려가 "다리를 좀 뻗어야겠소"라고 대답한 것은 유생의 말이 틀렸다고 말한 것이다. 누군가 참견하려고 할 때 "발을 뻗을 기회를 주지 말라"는 말도 여기서 비롯된 표현이다.

담대멸명의 또 다른 이름은 자우다. 공자는 "외모로 사람을 판단해 자우에게 실수했다以貌取人, 失之子羽"라고 말한 적이 있다. 외모로만 사람을 판단한 탓에 담대멸명의 단정하지 않은 모습을 보고, 그의 품성과 재능을 잘못 판단한 것이다.

문장으로 다시 돌아가 보자. 자유는 공자에게 자신이 담대멸명이란 인재를 발견했는데 "길을 갈 때 지름길로 가지 않는 사람"이라고 소개했다. 길을 갈 때 지름길로 가지 않는다는 것은 무슨 의미일까? 일단 '지름길'이 어떤 길인지를 알아야 한다. 옛날에는 잘 정비된 길이 아닌 작은 길을 지름길이라고 했다. 관청이 명확하게 표기해 놓은 대로를 제외한 작은 길은 대부분이 자주 지나다녀서 만들어진 지름길이었다. 가령, 한국의 종로 피맛길이 지름길에 해당한다.

담대멸명이 지름길로 가지 않았다는 것은 작은 길로 가지 않았다는 뜻이다. 즉, 담대멸명은 길이 아닌 길은 걷지 않으려 했다는 의미이다. 이렇게 해석해 볼 수도 있다. 담대멸명은 규칙을 잘 따르고 예법과 규칙을 어기지 않는 군자의 길을 걸었다는 것이다.

다음 구절인 "공사가 아니면 저의 집에 온 적이 없습니다"라는 것은 아랫사람인 담대멸명이 공적인 일이 아니면 자유를 찾지 않았다는 뜻이다. 담대멸명은 본연의 업무가 아닌 일로 찾아와 사소한 청탁을 하지 않았던 사람인 것이다. 자유는 공자에게 담대멸명이 자신의 이익을 위해 윗사람에게 아첨하는 부류의 사람이 아니라고 말했다.

마음 채우기

공적인 일이 아니어도 윗사람의 집을 찾는 사람은 지름길을 가고자 하는 소인이다. 담대멸명의 특이한 이름에 얽힌 고사는 재미도 주지만, 그의 행적에 관한 이야기는 교훈적이기도 하다. 타인의 올곧은 품성을 알아본 자유의 판단력 역시 훌륭해 본받을 만하다.

"최악의 순간,
웃음을 택하라."

_비감후야非敢後也

공자가 말하길 "맹지반은 자랑하지 않는 사람이다. 도망칠 때 후미에 있다가 성문에 들어설 때 말에 채찍질하며 '내가 감히 뒤에 있었던 게 아니라 말이 나아가질 못한 거요!'라고 말했다."

子曰 "孟之反不伐, 奔而殿, 將入門, 策其馬,

日 '非敢後也, 馬不進也!'"

자왈 "맹지반불벌. 분이전, 장입문, 책기마,

왈 '비감후야, 마부진야.'"

맹지반은 이름이 맹측孟側으로 『논어』에 딱 한 번 등장하는 장군이다.

공자는 맹지반이 자랑하지 않는 사람이라고 했다. 맹지반은 뭘 자랑하지 않았을까? 이어지는 구절을 살펴보자. 맹지반은 "도망칠 때 후미에" 있었다. 전투할 때 가장 위험한 위치가 어디일까? 공격할 때는 선두가 가장 위험하고 후퇴할 때는 후미가 가장 위험하다. 전투에서 패배해 후퇴할 때 맹지반이 후미에 있었다는 것은 그가 굉장히 용감한 사람이라는 점을 알 수 있다. 그래서 공자는 맹지반이 자신의 용맹을 자랑하지 않는 사람이라고 말한 것이다.

맹지반은 후퇴할 때 후미를 지키고 있다가 성문에 들어서야 비로소 말에 채찍질했다. 후퇴는 항상 위급한 상황이다. 그러나 맹지반은 천연덕스럽게 자기 행동을 농으로 받아친다. "내가 제일 꼴찌로 후퇴하고 싶었던 것이 아니라 내 말이 빠르지 않아서 어쩔 수 없었소." 위급한 상황에서도 농담을 하는 여유는 그 사람의 용맹을 더 돋보이게 한다.

공자도 맹지반과 같이 자신의 장점과 공로를 드러내지 않는 사람이었다. 누군가 공자에게 물었다. "어떻게 하면 그렇게 모든 육예를 두루 잘할 수 있습니까?" 공자의 대답도 맹지반만큼이나 유머러스하다. "내 어린 시절 먹고살기 힘들어서 양 키우기, 회계, 제사 등 닥치는 일은 뭐든지 하다 보니 이렇게 됐습니다."

유머는 인간관계를 부드럽게 만드는 감초다. 특히 자신의 장점을 익살

스럽게 표현하면 상대방의 호감을 살 수 있다. 아무리 어려운 상황이

펼쳐져도 유머 감각 하나만 있다면 지혜롭게 그 난관을 헤쳐나갈 수 있

다. 유머는 최악의 상황에서 강력한 무기가 된다.

어느 날 한 교수가 나에게 이런 말을 했다.

"당신의 가장 큰 장점은 무엇이든 항상 즐기려는 태도입니다."

나는 이렇게 대답했다.

"그런 척 연기한 것뿐입니다."

"앞에 놓인 길을 바꿀 수 없다면
발걸음을 바꿔 바른길을 찾아라."

_하막유사도 何莫由斯道

공자가 말하길 "누가 나갈 때 문을 통과하지 않을 수 있는가?
어째서 이 길을 가지 않는 것인가?"
子曰 "誰能出不由戶? 何莫由斯道也?"
자왈 "수능출불유호? 하막유사도야?"

문장을 살펴보기 전에 시 한 편을 감상해 보자. 동양에서 가장
오래된 시집 『시경』의 한 대목이다.

크고 작은 마름 풀들을 이리저리 헤치면서
參差荇菜, 左右流之
이리저리 뒤척이며 자나 깨나 생각한다

輾轉反側, 寤寐思服

　시의 화자는 "이리저리 뒤척이며"를 구체적으로 표현하기 위해 크고 작은 풀들이 이리저리 헤치는 모습을 노래했다. 이번 문장도 마찬가지다. 앞 구절은 뒤 구절을 강조하기 위한 문장이다.

　공자가 말했다. "누가 나갈 때 문을 통과하지 않을 수 있는가?" 당연한 이야기지만 밖으로 나갈 때 문을 지나지 않고 나갈 수는 없다. 이어지는 문장 "어째서 이 길을 가지 않는 것인가?"도 마찬가지이다. 당연히 가야 할 길을 세상 사람들이 가지 않는다는 것이다.
　이번 문장 역시 세상을 향한 공자의 탄식이다. 사람들은 왜 밖으로 나갈 때 대문을 통과해야 한다는 것을 알고 있으면서 바른길로 가려 하지 않는다는 것인가?

마음 채우기

난세에 태어났을 때 우리는 어떻게 바른길을 찾을 수 있을까?

"하늘은 문을 닫으면 반드시 창문을 열어준다"라는 속담이 있다. 아무리 난세라고 해도 바른길을 찾는 사람들이 분명히 있다. "구하라, 그리하면 얻을 것이다"라는 성서의 말도 있다. 자기 자신이 바른길을 찾고자 한다면 같은 뜻을 품은 사람들이 눈에 들어올 것이다. 혼자보다 둘이, 둘보다는 셋이 나은 법. 바른길을 찾는 사람들이 하나둘씩 모이면 난세를 "이리저리 뒤척이며" 헤치고 나갈 수 있을 것이다.

나를 살리는 논어 한마디

"촌스러운 외면, 속이 빈 내면의 균형과 조화로움을 잡아라."

_문질빈빈, 연후군자文質彬彬, 然後君子

공자가 말하길 "질이 문보다 강하면 촌스럽고, 문이 질보다 강하면 화려하다. 문과 질이 서로 알맞게 배합된 뒤에야 군자라 할 수 있다."

子曰 "質勝文則野, 文勝質則史. 文質彬彬, 然後君子."

자왈 "질승문즉야, 문승질즉사. 문질빈빈, 연후군자."

앞서 소개한 공자와 자상백자의 만남에 관한 이야기를 다시 살펴보자.

문장에 쓰인 한자 '질質'은 인간 내면의 본질이고, '문文'은 인간 외면의 모습이다. 자상백자는 공자를 문이 질보다 강한 사람이라고 보았고, 공자는 자상백자를 질이 문보다 강한 사람으로 보았다. 한자 '야野'는 거칠고 초라하다는 의미다. "질이 문보다 강하다"는 것은 학식을 갖췄지만, 말이 거칠고 예절을 무시해 함부로 행동하고 옷차림새를 신경 쓰지 않는다는 뜻이다. "질이 문보다 강하면 촌스럽다"라는 것은 사람의 내면이 외면보다 강하면 거칠고 투박해 보인다는 뜻이다. 다음 구절인 "문이 질보다 강하면 화려하다"라는 의미는 반대이다. 겉모습을 꾸미는 데 열중해 호사스러워 보인다.

자상백자의 생각과는 달리 공자는 문이 질보다 강한 사람이 아니었다. 그렇다고 자상백자처럼 질이 문보다 강한 사람도 아니었다. 공자는 말했다. "문과 질이 서로 알맞게 배합된 뒤에야 군자라 할 수 있다." 문장에 쓰인 한자 '빈빈彬彬'은 두 그루 나무가 서로 나란히 서 있는 것처럼 조화롭다는 뜻이다.

위나라와 진나라 교체기에 부패한 정치 권력에 등을 돌리고 죽림에 모였던 '죽림칠현竹林七賢'은 질이 문보다 강한 사람들이었다. 그들은 타고난 자질이 뛰어나고 문장 실력도 출중했지만, 세상과 어울리지 않아 발가벗은 채 술을 마시며 구애됨 없이 살았다. 세상을 이불로 여기고 집을 옷으로 생각했으니 자상백자와 같은 부류의 사람들이라 할 수 있었다.

문과 질을 조화롭게 배합하려면 내면을 가꾸면서 동시에 외면도 신경을 써야 한다. 내면을 중시하는 공자는 한편으로 걷는 자세까지도 살펴볼 정도로 외면에 신경을 썼다. 조정에 들어갈 때는 어떻게 걸어야 하고, 조정에 나갈 때는 어떻게 걸어야 하고, 손님을 만났을 때는 어떻게 걸어야 하고, 장애인을 만났을 때는 어떻게 해야 하며, 길에서 상을 당한 사람을 만나면 어떻게 해야 하는지 등등 상황에 따른 알맞은 행동 기준을 갖고 있었다.

공자는 지식을 쌓는 것도 게을리하지 않았다. 많은 책을 읽고, 시詩, 서書, 예禮, 악樂을 공부해 육예에 두루 정통한 학자였다. 그가 진정으로 이루고자 했던 것은 문과 질을 서로 알맞게 배합해 내면과 외면의 결합을 이루는 것이다.

"세상에서 가장 지혜로운 사람은 바른길을 가는 사람이다."

_인지생야직人之生也直

공자가 말하길 "사람의 삶은 정직해야 한다. 그렇지 않은 삶은 요행히 면한 것일 뿐이다!"

子曰 "人之生也直, 罔之生也幸而免!"

자왈 "인지생야직, 망지생야행이면!"

공자가 정직한 삶에 관해 이야기하고 있다. 근심 없이 편안하게 살고 싶다면 바른길을 걸어야 한다. 그런데 우리는 주위에서 바른 길을 가지 않는데도 편안하게 사는 사람들을 보게 된다. 공자는 이런 경우를 단지 운이 좋기 때문이지, 당사자가 능력이 뛰어나기 때문은 아니라고 말한다.

군자는 정직한 삶을 추구한다. 그래서 "군자는 온화하게 지내며 천명을 기다리고, 소인은 험하게 행동하며 요행을 바란다"라고 사람들은 말한다. 소인은 바른길을 갈 생각은 하지 않고 운이 좋아 편안하게 사는 사람들을 부러워한다는 것이다. 하지만 바른 길을 가는 군자는 당장 편안하게 살지 못해도 천명을 기다리며 정직한 삶을 살아간다.

소인들의 눈에는 나쁜 짓을 하면서도 잘사는 사람들의 모습이 눈에 들어온다. 하지만 소인들의 시야는 좁다. 운좋게 편안하게 사는 사람들의 최후나 그 삶의 내용을 들여다보지 못한다. 편법이나 지름길을 이용해 원하는 삶에 다가갈 수 있다. 하지만 그 삶을 유지하는 것은 사람들의 가치관과 태도에 달려있다. 일시적으로 편안한 삶을 살 수도 있지만, 정직함을 추구하지 않는다면 인생은 기울어지게 마련이다. 공자는 편법과 그릇된 길로 성공을 하는 것은 요행이니 부러워하지 말라고 말한다.

마음 채우기

우리의 내면에 정직함에 대한 강렬한 힘이 솟구치도록 공자의 말을 외쳐보자. 마음이 즐거워질 것이다. 그릇된 길을 가는 사람은 가장 어리석다. 짧은 시간 안에 이익을 얻었지만 선택한 방법이 올바르지 않았다면, 그 사람은 어리석은 사람이다. 잠깐의 이익은 요행일 뿐이다.

"배움을 통달한 세 가지 경지, 아는 사람, 좋아하는 사람, 그리고 즐기는 사람."

_지지자, 호지자, 락지자知之者, 好之者, 樂之者

공자가 말하길 "아는 사람이 좋아하는 사람만 못하고, 좋아하
는 사람은 즐거워하는 사람만 못하다."

子曰 "知之者不如好之者, 好之者不如樂之者."

자왈 "지지자불여호지자, 호지자불여락지자."

공자가 배움에 관해 이야기하고 있다. 배움을 아는 사람, 배움
을 좋아하는 사람, 배움을 즐거워하는 사람에 관한 이야기다.

먼저 "아는 사람"은 어떤 사람일까? 우리가 일반적으로 만나게
되는 학교의 선생님들 대부분이 아는 사람에 해당한다. 초등학교
부터 대학교까지 우리가 만난 선생님들은 주로 자신이 맡은 직무
와 책임을 신경 쓰는 사람들이다. 이들은 성실히 가르치지만, 수

업 방식은 매우 비슷하다. 생계를 위해 가르치는 업종에 종사하는
것이다.

공자가 말했다. "아는 사람이 좋아하는 사람만 못하다." 즉, 학
문을 좋아하는 사람은 생계를 위해 배우고 가르치는 사람보다 더
낫다는 이야기다. 학문을 좋아하는 사람은 탐구의 목표를 세우고
자기 자신을 발전시키려고 한다.

학문에 대해 '좋아하는 사람'의 경지보다 더 높은 것은 '즐거워
하는 사람'이다. 학문을 좋아한다는 것은 배움을 통해 더 많은 것
들을 얻을 수 있기를 바라는 단계이다. 하지만 학문을 좋아하는
것과 즐기는 것은 다르다. 무엇을 얻고자 공부하는 것을 좋아하는
사람은 배움의 과정이 즐겁지 않을 가능성이 크다. 특정한 목표를
위해 공부할 뿐, 학문 그 자체를 즐기지 못하기 때문이다. 현대인
들은 대부분 무엇을 성취하기 위해 학습한다.

배움을 즐거워하는 사람은 배움을 통해 무엇을 얻고자 하는 욕
심이 없다. 따라서 결과에 연연하지 않고 배움을 즐길 수 있다.
반면, 배움을 즐거워하는 사람이 배우지 않으면 괴로움을 느낀다.
공자는 배움을 '아는' 사람보다는 '좋아하는' 사람이, 그리고 좋아
하는 사람보다는 '즐기는' 사람이 더 낫다고 말한다.

옹야(雍也)편 : 지나침도 없이, 모자람도 없이

〈색, 계〉, 〈브로크백 마운틴〉, 〈헐크〉 등 다양한 장르의 영화를 만든 이안李安 감독을 만난 적이 있다. 나는 감독에게 이런 질문을 했다. "감독님 작품이 이전 작품과 매번 달라지는 이유는 뭔가요? 만드는 작품마다 스타일이 너무 달라서 그 이유가 궁금합니다." 이안 감독은 이해할 수 없다는 표정으로 이렇게 대답했다. "왜 그래서는 안 됩니까? 영화는 조건이 된다면 뭐든 시도해 볼 수 있어 너무 재미있습니다." 이것이 바로 배움을 즐거워하는 사람의 전형적인 태도이다.

마음 채우기

퀴리 부인, 아인슈타인, 뉴턴 등 우리가 기억하는 위인들은 배우는 과정을 즐겼던 사람들이다. 이들은 배우고 연구하는 그 자체에서 기쁨과 만족감을 느꼈다. 화가 레오나르도 다 빈치는 그림을 그리는 것 자체를 사랑하고 즐거워했다. 배움을 즐거워하는 사람이 되어 학습 과정을 즐길 수 있다면 비로소 인생의 가장 높은 경지에 오를 수 있는 것이다.

"시끄러운 곳에서 고요함으로 처신하는 자의 여유는 아름답다."

_중인이하, 불가이어상야中人以下, 不可以語上也

공자가 말하길 "중간 이상의 사람에게는 그 이상의 것을 말해 줄 수 있지만, 중간 이하의 사람에게는 그 이상의 것을 말해 줄 수 없다."

子曰 "中人以上, 可以語上也; 中人以下, 不可以語上也."

자왈 "중인이상, 가이어상야; 중인이하, 불가이어상야."

공자가 말하는 '중간 이상'과 '중간 이하'의 사람은 어떻게 분류할까? 사람을 분류하는 것은 온당한 일일까? 일단 노자의 이야기를 살펴보자. 노자는 사람을 상사上士, 중사中士, 하사下士로 분류했다.

"상사는 도를 들으면 부지런히 실천한다上士聞道, 勤而行之."

경지가 높은 사람은 진정한 '도'를 들으면 굳게 지키며 실천한다.

"중사는 도를 들으면 반신반의 한다^{中士聞道, 若存若亡}."

중간 경지에 있는 사람은 '도'를 들으면 일리가 있다고 생각하면서도 실천하지 않는다.

"하사는 도를 들으면 크게 웃는다^{下士聞道, 大笑之}."

낮은 경지의 사람은 도를 들으면 비웃으며 실천할 생각조차 하지 않는다.

"웃지 않으면 족히 도라고 할 수 없다^{不笑不足以爲道}."

낮은 경지의 사람이 비웃지 않는 도는 진정한 도가 아니다.

노자가 사람을 세 가지로 분류했다면, 공자는 두 가지로 구분했다. 지혜로운 사람^{上智}과 어리석은 사람^{下愚}이다. 가장 지혜로운 사람은 석가모니, 노자 등 지금도 회자되는 현인들이다. 깨달음과 통찰을 통해 사물의 본질을 이해한 사람을 공자는 가장 지혜로운 사람이라고 말했다. 현인들의 깨달음은 시대를 초월하기 때문에 현대인들도 그들의 지혜를 경청한다. 반면 어리석은 사람은 완고하다. 다른 사람들의 말에 귀를 기울이지 않는 그들은 변화를 두려워한다. 우둔한 사람들은 온갖 이유를 대며 변화를 거부한다.

공자는 중간 이상의 자질을 가진 사람에게는 더 높은 것을 이야기해 줄 수 있지만, 중간 이하의 자질을 가진 사람에게는 더 높은 걸 이야기해 줄 수 없다고 말했다. 중간 이하의 자질을 가진 사람은 말을 해 줘도 본질을 이해하지 못할 뿐만 아니라 오히려 혼란스러워할 수 있기 때문이다. 이럴 때는 그저 조용히 앉아 관망하는 자세가 더욱 아름답다. 일의 시비를 가릴 줄 모르는 사람들의 틈바구니에 껴서 왈가왈부하는 일만큼 시간을 낭비하는 것이 없기 때문이다.

마음 채우기

33년 동안 하루에 담배 80개비를 피우는 흡연자의 금연 성공기를 기록한 책 『스탑 스모킹The Easy Way to Stop Smoking』에서는 금연을 할 때 가장 중요한 것은 자기 의지력을 믿지 않는 것이라고 한다. 자신의 의지로 금연을 한다는 것은 금연을 결심한 당사자가 흡연이 즐거운 일이라고 생각하고 있다는 방증이다. 저자는 이런 상황에서 금연하기는 어렵다고 말한다. 하지만 어리석은 사람들은 저자의 경험담을 의심한다. 그들은 "의지력 없이 할 수 있는 일이 어딨어!"라고 말하며 자신의 태도를 바꾸려 하지 않는다. 공자는 변화를 거부하고 폐쇄적인 사람과 대화할 때는 심오한 내용을 말할 수 없다고 말한다. 어리석은 사람들은 소중한 경험담을 받아들이지 않고 상대방이 틀렸다고 생각하거나 심지어는 나쁜 사람이라 판단하며 적대한다. 그들은 타인의 목소리에 귀를 기울이지 않고 화부터 내는 사람들이다.

"어려운 일을 먼저하고, 얻는 것을 나중에 하는 지혜로움을 갖춰라."

_경귀신이원지 敬鬼神而遠之

번지가 지혜로움에 관해 물었다.

공자가 대답하길 "백성이 마땅할 수 있게 힘쓰고, 귀신을 공경하되 멀리하면 지혜롭다고 할 수 있다."

번지가 어짊에 관해 물었다.

공자가 대답하길 "어진 사람은 어려운 일을 먼저하고 얻는 것을 나중에 하니 어질다고 할 수 있다."

樊遲問知. 子曰 "務民之義, 敬鬼神而遠之, 可謂知矣."

問仁. 曰 "仁者, 先難而後獲, 可謂仁矣."

번지문지. 자왈 "무민지의, 경귀신이원지, 가위지의." 문인,

왈 "인자, 선난이후획, 가위인의."

바로 위 문장과 이어지는 내용이다. 공자가 "중간 이상의 사람

에게는 이상의 것을 말해 줄 수 있지만, 중간 이하의 사람에게는 이상의 것을 말해 줄 수 없다"라고 말하자 제자 번지가 지혜로움과 어짊에 대해 질문했다. 번지는 공자의 수레를 모는 하급 지방관이었다.

번지가 공자를 찾아가 지혜로운 사람은 어떤 사람이냐고 물었다. 그러자 공자는 "백성이 마땅할 수 있게 힘쓰는 것"이라고 말했다. 문장에 쓰인 한자 '무務'는 전념하다, 애쓴다는 의미가 있고, '지之'는 가다, 이르다는 뜻이 있다. 그리고 '의義'는 마땅하다는 뜻의 동음 한자 '의宜'로 해석해야 한다. 옛 문헌에는 발음이 똑같으면 같은 의미로 사용하는 경우가 있었다. "백성이 마땅할 수 있게 힘쓴다"라는 공자의 말은 백성이 올바른 방향으로 발전할 수 있게 돕는다는 의미이다.

공자가 이어서 말했다. "귀신을 공경하되 멀리하면 지혜롭다." 귀신을 공경하면서도 멀리한다는 것은 어떤 것일까? 그리고 귀신을 공경하지 않고 가까이하면 안 되는 것일까? 아니면 귀신을 멀리하고 귀신의 존재를 믿지 않으면 안 되는 것일까?

공자가 귀신을 공경해야 한다고 말한 이유는 백성들의 행동을 올바른 방향으로 발전시키기 위한 것이다. 만일 신적인 존재가 자신의 행동을 지켜보고 있다고 믿지 않으면 백성들은 두려움이 사라져 하고 싶은 대로 행동해 사회가 혼란에 빠질 수도 있다. 귀신을 공경하고 멀리한다는 것은 미신에 빠지지는 말되 신적인 존재가 늘 우리를 지켜보고 있다는 것을 기억하라는 말이다.

　신적인 존재에 대해서 순자는 이렇게 말했다. "군자는 꾸밈이라 생각하고, 백성은 신령스러움이라 생각한다君子以爲文, 而百姓以爲神." 문장의 이해를 위해 예를 들어보겠다. 한 나라의 군왕이 전쟁을 치르려고 한다. 점성술사는 거북이 등껍질을 불에 그슬려 그 모양을 보며 전쟁의 결과를 예측한다. 점성술사가 말한다. "거북이 등껍질의 금을 보니 대길을 예고하고 있습니다." 군왕은 이미 전쟁을 결정했지만, 백성들을 안심시키기 위해 점을 치는 것이다. 순자가 말하는 "군자는 꾸밈이라 생각한다"라는 것은 이렇게 백성들의 민심을 다스리기 위해 적당한 선에서 민간신앙을 이용하는 것을 말한다.

　순자는 이와 반대되는 상황에 대해서도 말했다. "꾸밈이라 생각하면 길하고 신령스러움이라 생각하면 흉하다以爲文則吉, 以爲神則兇也." 군왕이 점성술을 진실로 받아들인다면 나라가 위기에 처할 수 있다는 것이다. 송나라 제8대 황제 휘종이 그런 군왕이었다. 휘종은 상서로운 구름이나 신선의 학 같이 신령스러운 존재를 믿었기에 결말이 좋지 않았다.

　신적인 존재에 대한 유교의 해석은 실용주의적이다. 점성술사의 운세에 따라 국가의 대사를 결정하는 것은 멀리 해야 하지만, 백성들이 믿는 민간신앙을 미신이라 치부하지 말고 활용하라는 실용적인 면모가 강하다. 민간의 믿음은 바꾸기 힘든 것으로 군왕은 백성들의 믿음을 올바른 방향으로 이끌어나갈 지혜가 필요한 것이다.

이제 어짊에 대해 살펴보자. 번지가 어짊에 관해 물었다. 공자가 대답했다. "어려운 일을 먼저하고 얻는 것을 나중에 한다." 이 문장은 두 가지로 해석할 수 있다. 첫 번째는 먼저 노력하고 성과는 뒤에 둔다는 해석이다. 일할 때 과정에 신경을 써야지, 조급하게 결과를 먼저 생각하지 말라는 뜻이다. 일 자체에 즐거움을 느끼고 결과에 연연하지 않는 것이 어짊이라는 것이다.

두 번째 해석은 의로움을 앞에 두고 이익을 뒤에 둔다는 의미이다. 어려운 일을 먼저 하는 것은 의로움을 중시하는 것이다. 자신이 그 일을 책임질 수 있는지 먼저 생각하기 때문이다. 이익을 따지는 일은 의로움을 먼저 실행한 뒤에 해야 하는 일이다. 그리고 일을 제대로 해내야 이익이 생길 것이니 당연한 이치이기도 하다. 두 가지 해석은 모두 일리가 있으니 새겨두어야 할 것이다.

옹야(雍也)편 : 지나침도 없이, 모자람도 없이

마음 채우기

공자는 항상 과정을 중요하게 생각했다. 어떤 결과를 얻든 과정이 훌륭하다면 인정받을만 하다. 만약 이익을 얻고자 과정 따위는 무시한다면 아무리 좋은 결과를 얻더라도 언젠가는 그 과정에서 어긋난 일들은 부메랑이 되어 돌아올 것이다. 과정을 무시하고 진행된 일에서 좋은 결과는 단지 그 순간일 뿐이기 때문이다. 공자가 예법을 중시한 것도 바로 이런 이유이다. 일의 절차에는 반드시 하나의 예를 지켜야 하며, 그 순리를 지켰을 때 비로소 만족할 만한 결과가 만들어지는 것이다. 공자가 강조한 어짊 역시 마찬가지다. 어짊은 이익을 챙기는 일과 거리를 두고 있다. 어짊에 다가갈수록 우리는 사소한 이익에 연연하지 않는 사람이 될 것이다.

"지혜로운 사람의 즐거움은 물과 같고, 어진 사람의 즐거움은 산과 같다."

_지자요수, 인자요산知者樂水, 仁者樂山

공자가 말하길 "지혜로운 사람은 물을 좋아하고, 어진 사람은 산을 좋아한다. 지혜로운 사람은 동적이고, 어진 사람은 정적이다. 지혜로운 사람은 즐겁고, 어진 사람을 장수한다."

子曰 "知者樂水, 仁者樂山. 知者動, 仁者靜. 知者樂, 仁者壽."

자왈 "지자요수, 인자요산. 지자동, 인자정. 지자락, 인자수."

　　어진 사람은 산을 좋아하고 지혜로운 사람은 물을 좋아한다. 우리에게 "요산요수樂山樂水"라는 사자성어로 잘 알려진 문장이다. 그런데 많이 알려진 만큼 그 뜻을 제대로 알고 있는 사람은 그리 많지 않다. 어진 사람은 왜 산을 좋아하고, 지혜로운 사람은 왜 물을 좋아할까?

해법은 의외로 간단하다. 쉼표 하나만 있으면 해결한다. 문장에서 한자 '락樂' 뒤에 쉼표를 찍어보자.

知者樂, 水. 仁者樂, 山

문장의 해석은 다음과 같이 변한다.

"지혜로운 사람의 즐거움은 물과 같고, 어진 사람의 즐거움은 산과 같다."

지혜로움을 추구하는 사람은 배움을 좋아하며 즐기기 때문에 흐르는 물처럼 활달하고 역동적인 이미지가 떠오른다. 반면 어진 사람은 내면의 덕을 쌓기에 산처럼 중후하고 포용적이며 관대한 이미지를 떠오르게 한다.

물과 산, 즉 동적임과 정적임은 변증법적 관계이다. 만약 산이 없다면 물의 활달하고 유동적인 상태가 드러날 수 없고, 물이 없다면 산의 중후한 자태가 드러날 수 없다. 서로 반대되듯이 보이는 두 가지 속성은 정반합의 원리처럼 서로 뒤섞여 합을 이룬다.

지혜로움과 어짊은 우리가 추구해야 할 것들이다. 공자는 지혜를 통한 즐거움은 물처럼 역동적이고 어짊을 통한 즐거움은 산처럼 중후하다고 말했다. 지혜로운 사람은 동적이고, 어진 사람은 정적이다. 지혜로운 사람은 행동을 좋아하고, 어진 사람은 안정을 좋아한다. 지혜로운 사람은 다양한 즐거움을 얻을 수 있고, 어진

나를 살리는 논어 한마디

사람은 오랜 시간 즐거움을 느낄 수 있다. 그리고 결국 어짊과 지혜로움은 하나로 나아가게 된다.

지혜로움과 어짊은 대립하지 않는다. 이 세상에는 지혜롭기만한 사람도 없고 어질기만 한 사람도 없다. 사람은 누구나 마음속에 지혜로운 부분과 어진 부분을 가지고 있다. 따라서 우리는 지혜로움과 어짊을 동시에 추구해야 한다. 산과 물이 어우러져야 아름답듯이 내면의 아름다운 산수화山水畫를 그리기 위해서는 어짊과 지혜로움이 조화를 이루어야 하는 것이다.

마음 채우기

유교에서 말하는 '세 가지 미덕三達德'은 어짊과 지혜로움 이외에 용맹스러움이 추가된다. 지혜로운 사람은 미혹되지 않고, 어진 사람은 근심하지 않으며, 용감한 사람은 두려워하지 않는다. 공자가 말하는 완전한 사람이 되기 위해서는 이 세 가지 덕목을 모두 갖춰야 한다.

옹야(雍也)편 : 지나침도 없이, 모자람도 없이

"바다보다 깊고 태산보다
무거운 삶을 사는 군자의 평정을 배워라."

_군자가서야, 불가함야君子可逝也, 不可陷也

재아가 묻기를 "어진 사람은 '우물 속에 사람이 있다'라고 말하면 안으로 들어갑니까?"

공자가 말하길 "어찌 그러겠느냐? 군자를 가게 할 수는 있어도 빠지게 할 수는 없다. 속일 수는 있어도 기만할 수는 없다."

宰我問曰 "仁者雖告之曰 '井有仁焉', 其從之也?"

子曰 "何爲其然也? 君子可逝也, 不可陷也. 可欺也, 不可罔也."

재아문왈 "인자수고지왈 '정유인언'. 기종지야?"

자왈 "하위기연야? 군자가서야, 불가함야. 가기야, 불가망야."

재아는 낮잠을 자다가 공자에게 호되게 질책을 받은 제자 재여를 말한다. 재아가 공자에게 어진 사람에 관해 물었다.

"스승님께서는 항상 저희에게 어짊을 강조하십니다. 사람을 사랑하고 다른 사람에게 관심을 두는 것이 어짊이라고 말씀하셨습니다. 만약에 어떤 사람이 어진 사람을 속이려 든다면 어떻게 하는 것이 어진 것입니까? 가령 '우물 안에 사람이 있다'라고 속이는 말에 사람을 구하겠다고 우물 안으로 들어가는 것이 어진 것입니까? 자신의 생명을 잃을 각오로 남을 돕는 것이 어진 것입니까?"

자신의 안위는 신경 쓰지 않고 다른 사람에게 관심을 가지고 애정을 쏟는 사람을 속이면 어떻게 될까? 재아의 말처럼 우물에 빠져 목숨을 잃게 될까? 우물 안에 사람이 있다는 말만 듣고 사람을 구하기 위해 뛰어 들어가는 사람이 진정 어진 사람일까? 재아는 지금 어진 사람이 험한 세상에서 잘 살아갈 수 있는지 의심하는 것이다.

재아의 질문은 꽤 도전적인 성격을 갖고 있다. 공자가 가장 중요시하는 덕목의 하나인 어짊에 대해 시험하는 듯한 질문을 던지기 때문이다. 아마도 재아의 속마음은 다음과 같았을 것이다. "스승님이 가르치시는 어짊은 생활에서 실천하기가 너무 어렵습니다. 만일 누군가가 어짊을 이용해 속이려 하면 참혹한 결과가 일어날 겁니다."

공자는 재아에게 '어찌 그러겠느냐?'라고 반문한다. 문장에 쓰인 한자 두 개를 살펴보자. '서逝'는 간다는 뜻으로 사람을 구하러 우물로 간다고 해석할 수 있다. 그리고 '함陷'은 속여서 우물에 빠지게 한다는 의미이다. '기欺'와 '망罔'은 똑같이 속인다는 의미이지만 약간의 차이가 있다. '기'는 상대방의 선량함을 이용해 속이는 것이고, '망'은 도리에 어긋나는 일을 이용해 상대방을 속이는 것이다. 따라서 "속일 수는 있어도 기만할 수는 없다"라는 구절은 군자의 선량함을 이용해서 속이려 하지만 군자는 쉽게 속지 않는다고 해석할 수 있다. 공자의 답변을 쉽게 정리해보면 다음과 같다.

> "어째서 그런 상황이 일어나겠느냐? 군자는 그것이 거짓이라는 것을 분명히 알 텐데 어째서 우물에 뛰어 들어가겠느냐? 설사 우물 안에 정말 사람이 있어 구해야 한다고 해도 군자는 혼자 뛰어 들어가는 것이 도움이 되지 않는다는 걸 알 테니 다른 사람을 불러서 함께 구하려 하지 않겠는가? 군자가 바보라 생각하는 것이냐?"

어진 군자는 한없이 좋은 바보는 아니다. 바로 이전 문장에서 살펴봤듯이 공자는 항상 일하고 싶어 했다. 공자는 물론 자공과 자로를 비롯한 공자의 훌륭한 제자들은 어짊으로 좋은 생활을 영위했다. 하지만 세상 사람들은 어짊에서 비롯된 좋은 삶을 재아처럼 믿으려 하지 않는다. 재아처럼 도전적인 질문을 하는 사람들은 많다. 믿기 싫은 내용을 과장해서 질문하는 것이다. 이는 내가 그 가르침을 실천할 수 없는 이유는 내 문제가 아니라 스승이 틀렸기 때문이라는 생각을 하고 있기 때문이다. 앞에서 살펴본 인지부조화 현상이다.

공자가 아꼈던 제자 안회는 스승에게 질문을 많이 하지 않았다. 겉으로 보기에 안회는 어리숙해 보이기만 했다. 하지만 안회의 일상을 지켜본 공자는 그의 모든 행동이 배움과 맞아떨어진다는 점을 발견했다.

안회는 어째서 질문을 하지 않았을까? 안회는 하나를 들으면 열을 아는 사람이었다. 들은 것을 즉시 이해하고 어떻게 활용해야 하는지도 파악했다. 반면 재아, 염유와 같은 제자들은 스승의 가르침에 많은 의문을 가지고 있었다. 공자는 재아의 도전적인 질문이 마음에 들지 않았을 것이다. 군자는 도리에 어긋나는 일은 하지 않고, 이치에 부합하지 않는 일을 믿지 않는 사람이다. 그러함에도 불구하고 재아는 군자를 바보 취급하며 그런 질문을 던진 것이다. 공자는 이런 생각을 했을 것이다.

'군자가 우물에 들어갈 것이라 누가 말했느냐? 군자는 사기꾼에게 속지 않는 사람이다!'

옹야(雍也)편 : 지나침도 없이, 모자람도 없이

마음 채우기

사기꾼에게 속는 이유는 '도리에 어긋나는 일'을 믿기 때문이다. 사기꾼은 사람들의 욕심을 이용한다. 욕심이 많으면 사람들은 쉽게 속는다. 욕심이 많은 사람의 눈에는 도리가 보이는 것이 아니라 욕심만 보이기 때문이다. 군자는 원칙, 도리, 상식에 어긋나는 일은 하지 않기 때문에 사기꾼의 꾀임에 속아 넘어가지 않는다.

나를 살리는 논어 한마디

"지나침도 모자람도 없이, 가장 적정한 상태를 추구하라."

_중용지위덕야中庸之爲德也

공자가 말하길 "중용의 덕이 지극하구나! 백성 중에 오래 머무는 사람이 드물다!"

子曰 "中庸之爲德也, 其至矣乎! 民鮮久矣!"

자왈 "중용지위덕야, 기지의호! 민선구의!"

공자의 말은 다음과 같은 뜻이다.

"사람이 갖추어야 할 덕목 중에서 가장 중요한 것은 중용이다. 하지만 중용을 따르는 백성들은 드물다."

우리는 이 문장의 의미를 더 깊이 이해해야 할 필요가 있다. 중용의 뜻을 어떤 일을 할 때 앞서거나 뒤처지지 않고 중간 정도를 유지하는 것이라고 오해하는 사람들이 많다. 중용은 어정쩡하게 중간에 머물며 이해타산을 따지는 기회주의가 아니다. 진정한 중용의 도는 가장 적절하고 편안한 상태로, 다가서기 쉽지 않은 경지이다. 심지어 공자도 자신이 중용에 이르지 못했다고 평가했다. 그리고 진정으로 중용에 이른 사람을 보지 못했다고 말했다.

참다운 중용이란 어떤 상태를 말하는 것일까? 공자는 "백성 중에 오래 머무는 사람이 드물다"라고 말했다. 그만큼 실천하기 어려운 상태이기 때문이다. 중용에 이르는 것이 어려운 이유는 뭘까? 중용은 생각보다 까다롭다. 우리는 그저 중간 즈음에 머무는 것이 중용이라고 생각한다. 하지만 이런 생각은 보수적이고 안일한 태도일 뿐이다.

무력을 대하는 태도를 살펴보자. 폭력은 나쁜 것이다. 그렇다고 아무것도 하지 않는 것도 좋은 것은 아니다. 중용은 어정쩡한 태도로 반응하는 것이 아니다. 불의 앞에서 용감한 것이 바로 중용이다. 다른 경우도 마찬가지다. 사치와 인색함의 중용은 관대함이다. 자만함과 열등감 사이에서 중용은 자신감이다.

배움에도 중용이 있다. 무지하면서 배우길 싫어하는 것은 옳지 않다. 하지만 종일 책만 보는 것도 좋지 않다. 중용은 배움을 즐기는 것이다. 육아에도 중용이 있다. 원칙 없이 아이를 지나치게 예뻐하는 건 옳지 않다. 하지만 아이를 사랑하지 않는 것은 더 옳지 않다. 원칙을 가지고 아이를 사랑하는 것이 중용이다. 회사 경영에도 중용이 있다. 경영인이 회사를 직원들에게 모든 것을 맡기는 것은 방임이다. 무엇이든 관여하고 결정하는 것은 독단이다. 경영인의 일과 직원의 일을 구분하는 것이 중용이다.

마음 채우기

중용은 가장 알맞은 상태를 추구하는 것이다. 모든 일을 알맞게 하려면 끊임없이 고민하고 탐구하고 연구해야 한다. 반면 사람들은 옳고 그름, 흑백논리, 이것 아니면 저것과 같이 극단적이고 단순한 답을 좋아한다. 인터넷에서 가장 높은 조회 수를 기록하는 콘텐츠는 어떤 것일까? 연예인들의 스캔들, 폭로성 기사, 미담, 맛집 등 짧고 단순하면서 자극적인 내용들이다. 많은 시간을 들여 고민하는 것을 사람들은 어려워한다. 하지만 우리의 뇌가 복잡한 절차를 싫어하더라도 의식적으로 노력한다면 비판적 사고력을 키울 수 있다. 이것이 바로 배움의 장점이다.

"내가 올바로 서고 싶다면 타인도 나와 같이 설 수 있게 하라."

_능근취비 能近取譬

자공이 말하길 "만약 백성에게 널리 베풀어 많은 사람을 구제한다면 어떻습니까? 어질다고 할 수 있습니까?"

공자가 말하길 "어찌 어질다고만 하겠느냐! 분명 성스럽다고 하겠다! 요순도 그 일을 하지 못함을 걱정했다. 무릇 어진 사람은 자신이 서고 싶으면 다른 사람도 설 수 있게 하며, 자신이 출세하고 싶으면 다른 사람을 출세하게 한다. 가까운 데서 취하여 깨우칠 수 있다면 어짊에 이르는 방법이라 할 수 있다."

子貢曰 "如有博施於民而能濟衆, 何如? 可謂仁乎?"

子曰 "何事於仁! 必也聖乎! 堯舜其猶病諸. 夫仁者, 己欲立而立人, 己欲達而達人. 能近取譬, 可謂仁之方也已."

자공왈 "여유박시어민이능제중, 하여? 가위인호?"

자왈 "하사어인! 필야성호! 요순기유병저. 부인자, 기욕립이립인, 기욕달이달인. 능근취비, 가위인지방야이."

자공이 공자에게 물었다.

"만약 어떤 사람이 천하의 백성을 구제해 모두가 편안한 삶을 살 수 있게 한다면 어짊의 경지에 이르렀다고 할 수 있습니까?"

어짊에 관한 질문에 공자는 시종일관 "어짊을 알지 못한다"라는 답변을 내놓았다. 하지만 공자의 이번 답변은 달랐다. 공자는 백성에게 널리 베풀어 많은 사람을 구제해 아름다운 삶을 살 수 있게 해 준다면 어짊의 경지보다 더 높은 성스러움聖의 경지에 이르는 것이라고 말했다.

어짊에 대한 공자의 말이 이어진다. 공자는 "요순도 그 일을 하지 못함을 걱정했다"라고 말했다. 고문에 적힌 한자 '병病'은 '걱정한다'라는 뜻이고, '제諸'는 '대하여'라는 의미이다. 그 일을 하지 못함을 걱정했다는 것은 요임금이나 순임금과 같은 성인聖人도 어짊을 실천하지 못하는 것을 걱정했다는 것이다.

이어지는 문장을 살펴보자. "가까운 데서 취하여 깨우칠 수 있다면 어짊에 이르는 방법이라 할 수 있다"라는 구절에서 '가까운 데서 취하여 깨우친다'라는 것은 무슨 의미일까? 어진 사람은 자기의 일을 통해서 다른 사람의 상황을 이해할 수 있다는 뜻이다. 다음에 이어지는 문장도 비슷한 뜻이 있다. "자신이 서고 싶으면 다른 사람도 설 수 있게 하며, 자신이 출세하고 싶으면 다른 사람

315

도 출세하게 한다"라는 것은 자신이 부유해지고 출세하고 싶어 하듯이 다른 사람도 똑같은 바람을 가지고 있다는 것이다. 이렇게 다른 사람의 일들을 자기 일처럼 생각하고 이해할 줄 아는 능력을 공자는 "가까운 데서 취하여 깨우친다"라고 말했다. 이것이 어짊에 이르는 가장 중요한 방법이다.

자공은 재산이 아주 많았다. 그는 백성의 삶을 좋게 해 주면 자신이 성인이라는 평가를 받을 수 있는지 궁금했을 것이다. 하지만 공자는 백성을 구제하는 것만으로는 성인이라 할 수 없다고 말했다. 성인이 되기 위해서는 먼저 어짊의 경지에 이르러야 한다. "가까운 데서 취하여 깨우쳐" 자신을 통해 다른 사람의 입장을 헤아릴 수 있어야 어짊에 다가설 수 있다. 이런 후에야 진정으로 "널리 베풀어 많은 사람을 구제할 수 있다"라고 말할 수 있는 것이다.

어진 사람은 상대방의 처지에서 헤아릴 줄 아는 사람이다. 재산이 많은 사람이 돈을 쓰는 것은 그리 어려운 일은 아니다. 그리고 궁핍한 백성에게 필요한 것이 물질적인 것만 있는 것도 아니다. 백성을 구제하고자 한다면 먼저 백성의 입장을 헤아릴 수 있는 능력이 있어야 한다. 자공은 너무 쉽게 성인이 되고 싶었던 것은 아닐까?

나를 살리는 논어 한마디

그렇다고 공자는 자공을 질책하지는 않았다. 공자는 온화한 태도로 성스러움의 경지는 순임금과 요임금도 이르지 못했다고 넌지시 말했다. 공자는 덧붙였다. "자신이 서고 싶음에도 다른 사람이 설 수 있게 하며, 자신이 이르고 싶음에도 다른 사람을 이르게 하는 것이 어짊을 추구하는 것이다."

공자는 수행의 경지를 설명했다. 첫 번째 경지는 "가까운 데서 취하여 깨우치는 것"으로 도덕적 소양을 갖추고 다른 사람을 존경할 줄 아는 것이다. 두 번째 경지는 "자신을 닦아 다른 사람을 편안하게 하는 것修己以安人"이다. 자신을 수련해 주위 사람에게 영향을 주어 더 좋게 바뀌게 하는 것은 "자신이 서고 싶음에도 다른 사람이 설 수 있게 하며, 자신이 이르고 싶음에도 다른 사람을 이르게 하는 것"과 같은 이치다.

만약 우리가 단순하게 풍족한 삶을 기준으로 사람을 구제하려 한다면 그 경지는 높다고 할 수 없다. '자신을 닦는 것'에서부터 시작해 '자신을 닦아 다른 사람을 편안하게 하고', '자신을 닦아 백성을 편안하게 하는 것'을 목표로 삼는다면 성스러움의 경지에 이를 수 있다.

경제적으로 어려운 상황에 처한 사람을 도울 때는 금전적인 부분만 생각하지 말아야 한다. 상대방의 입장을 헤아려 진정으로 원하는 것을 이룰 수 있게 도와주어야 한다. 우리는 그들의 의지와 지혜를 자극해 주고, 그들이 스스로 자립하는 방법을 모색해야 한다. 여기서 가장 중요한 것은 다른 사람의 처지를 이해하는 능력이다. 우리는 우리 자신을 이해하는 방식으로 다른 사람을 이해할 줄 알아야 한다. 이것이 어짊에 다가가는 방법이다.

네 믿음은 네 생각이 된다. 네 생각은 네 말이 된다.
네 말은 네 행동이 된다.
네 행동은 네 습관이 된다. 네 습관은 네 가치가 된다.
네 가치는 네 운명이 된다.
마하트마 간디

자주 그리고 많이 웃는 것,
현명한 이에게 존경받고 어린아이에게 사랑받는 것,
정직한 비평가에게 찬사를 듣고 친구의 배반을 참는 것,
아름다운 것을 식별할 줄 알고 다른 사람의 장점을 발견해내는 것,
건강한 아이를 하나 낳든 작은 정원을 가꾸든
사회 환경을 개선하든 자기가 태어나기 전보다
조금이라도 살기 좋은 곳을 만들어 놓고 떠나는 것,
이 땅에 잠시 머물다 감으로써 단 한 사람의 인생이라도 행복해지는 것,
이것이 진정한 성공이다.

랠프 왈도 에머슨